U0486253

百年大变局遇上百年大流疫

栾建章 / 主编

中国学者的声音
后疫情时代的世界与中国

当代世界出版社
THE CONTEMPORARY WORLD PRESS

出版说明

2020年伊始暴发的新型冠状病毒肺炎疫情是百年来人类面临的规模最大、影响最广的全球公共卫生危机。疫情的扩散和蔓延对世界格局和国际秩序造成全方位的冲击和影响：全球化遭遇暂时"退潮"，大国战略博弈明显加剧，政治极化与民粹主义交相呼应，社会矛盾冲突激化，"百年未有之大变局"演化速度进一步加快。

面对百年大变局和百年大流疫的叠加冲击，中国唯有因势而谋，应势而动，顺势而为，展现负责任的大国担当，妥善处理与世界的关系，携手推动构建人类命运共同体，才能在国际局势激荡变化的关键时刻掌握主动，赢得优势，在危机中育新机，在变局中开新局，始终立于不败之地。

《百年大变局遇上百年大流疫》一书紧紧围绕疫情背景下的世界格局与中国角色，从全球化的变与不变、世界格局的调整与重塑、世纪大考下的此消与彼长、崛起中国的角色与担当四个方面对疫情造成的冲击和影响进行了全方位、多角度的论述和解读，尤其对如何处理后疫情时代中国与世界关系提出了建设性的思路和建议，对我们观察后疫情时代的百年大变局，探讨其背后的主要动因，以及分析展望其前景走向具有十分重要的意义。

该书汇集了张蕴岭、高飞、胡必亮、陈凤英、张宇燕、唐永胜、孟祥青、周琪、郑永年、黄平、王逸舟、金灿荣、达巍、赵可金、朱锋、于洪君、王义桅、屠新泉、程曼丽、陈须隆等20余位国际关系学界知名专家学者的观察与洞见。希望本书的出版能在相关领域引发新一轮探讨交流，碰撞出更多思想火花，为广大读者思考和研究后疫情时代的国际形势和中国与世界关系提供有益参考借鉴。

本书编委会

2020年9月

目录 CONTENTS

第一篇　全球化的变与不变

疫情还在发展，何时结束，如何结束，结束后会不会死灰复燃，或者以新的变种再暴发，都是未知数。在这种情况下，我们既要观察现在，又要思考未来。全球化在改变，但不是回到过去，而是面向未来。世界不会退回到各自为政的所谓"部落主义时代"。

张蕴岭	全球化的蜕变与发展	3
高　飞	完善全球治理是全球化发展的未来方向	12
胡必亮	推动构建更加美好的全球化世界	23
陈凤英	新冠肺炎疫情推进全球产业链与供应链调整	32

第二篇　世界格局的调整与重塑

此次疫情虽然是一个始料未及的变量，但并未从本质上改变世界格局的演进方向，而是加快了现有"百年未有之大变局"的变化速率。百年变局的两大特征——"东升西降"和全球化趋势并没有发生根本性改变。

张宇燕	疫情对世界格局冲击有限，百年大变局不会发生	
	实质改变	49
唐永胜	新冠肺炎疫情将加快世界变局的历史进程	58
孟祥青	从五个维度看新冠肺炎疫情对世界格局和秩序的	
	深刻影响	68
周 琪	新冠肺炎疫情后再审视全球化下的中美关系	76
郑永年	张 弛	
	世界陷入"综合性危机"，中美之间"冷战"升级	93
黄 平	疫情后的世界格局：回归，还是巨变？	106

第三篇　世纪大考下的此消与彼长

世界经济严重衰退已成定局，未来世界经济的版图很可能出现历史性的重组。受疫情暴发带来的政治、经济、社会、个人生活等全方位冲击和挑战的影响，世界范围内的政治与社会思潮开始进入新的激荡期，大国关系的竞争与冲突不断加剧，各种区域与全球治理体制出现了"边缘化"的趋势……

王逸舟	新冠肺炎疫情引发的关于中国国际贡献的思考	115
金灿荣	金君达	
	美国为何没能扛起国际合作抗疫的大旗？	123
达 巍	新冠肺炎疫情的暴发凸显总体国家安全观的重要性	132
赵可金	重构权威体系是疫情大考的关键所在	141
朱 锋	国际战略格局出现的新变化	152

第四篇　崛起中国的角色与担当

　　面对如此复杂而诡谲的国际形势与时代变局，中国唯有做到坚持高举人类命运共同体的旗帜不动摇，坚持参与和推动全球抗疫合作不动摇，坚持推进"一带一路"建设不动摇，坚持政策沟通与民心相通不动摇，方可在惊涛骇浪中屹立潮头，因势利导，破浪穿行，一往直前。

于洪君　全球疫情持续肆虐，中国当行"四个坚持"　　161

王义桅　疫情后如何更好地推进"一带一路"建设　　172

屠新泉　WTO改革在即，中国应高举多边贸易体制大旗　　186

程曼丽　如何将人类命运共同体理念落实到中国的对外传播中　　200

陈须隆　张伟鹏
　　　　新冠肺炎疫情对推动构建人类命运共同体的影响及启示　　207

第一篇 全球化的变与不变

疫情还在发展，何时结束，如何结束，结束后会不会死灰复燃，或者以新的变种再暴发，都是未知数。在这种情况下，我们既要观察现在，又要思考未来。全球化在改变，但不是回到过去，而是面向未来。世界不会退回到各自为政的所谓"部落主义时代"。

张蕴岭　中国社会科学院学部委员
　　　　山东大学讲席教授，国际问题研究院院长

全球化的蜕变与发展

新冠肺炎疫情在全球扩散，世界各国和地区几乎无一幸免，数十亿人口被隔离，正常的经济社会活动突然骤减，有些几乎停滞，由此导致经济断崖式下降，失业人数大幅度增加，就波及范围和综合影响而言，这是史无前例的。突然的巨变激起许多反思和讨论，涉及到各个方面，其中关于全球化[①]的讨论与反思非常引人注目。全球化，特别是经济全球化是当今世界发展最重要的一个特征。经济全球化的本质是世界各国的经济社会活动相互连接，通过陆海空运输通道和网络连接创建越来越大规模的经济、科技、人文交往。全球化打通了国家间地理、政管的限制，创建了开放的世界市场空间，一则，为投资和贸易开拓了巨大的市场；二则，为各国参与全球产业链、供应链提供机会；三则，为个人经营、学习、旅游提供便利。因此，全球化推动了世界的大发展，总体推进了人类生活水平的提升。

但是，全球化是一把双刃剑，在带来发展和福利的同时，也产生了不少问题。比如，财富积累加快向少数大资本集中，形成超级大公司集团和富可敌国的个人，这与被边缘化的国家和低收入、贫困阶层形成了鲜明的对比，导致"99%与1%"的畸形结构，即1%的人掌握了99%

---

① 本文中提到的全球化，主要是指经济全球化。

的财富,从而加剧了资本与劳动的对抗,激发了社会矛盾;产业转移会导致移出地区产业空心化,形成衰落的"铁锈地带"①,使得就业萎缩,收入下降;基于分工的供应链会使得断裂风险增加,产生供给链的不安全,一旦发生事故,供应链断裂,会导致运营与社会问题。

在以往一个相当长的时期,美国推动的自由主义使得全球化快速发展,同时也使得负面影响凸显。因此,自20世纪90年代,达沃斯论坛会议就提出了"人性面孔的全球化"(human faced globalization),号召企业在进行国际化经营时不仅要考虑公司利益,也要考虑当地和劳工的福利。联合国推动制定了企业的社会责任指导文件,要求企业担负起社会责任,减少经营对当地的损害,改善当地福利。其实,全球化产生的问题需要政府实行强有力的社会政策,推动失落地带的再生,对受影响的企业、个人提供转型和再就业支持,但在这方面,政府往往表现得失能。

事实上,反全球化势力一直是与助推全球化的势力相伴相随的。在全球化的问题凸显时,反全球化的势力影响增大。近年来,财富积累的两极化引起了热议,在一些国家甚至催生新的政治势力崛起,引发激烈的社会运动。法国学者托马斯·皮凯蒂(Thomas Piketty)关于批判财富积累两极化的专著《21世纪资本论》成为热销书。2008年起源于美国的金融危机是一个重要的转折点。危机把全球化积累的问题更突出地暴露出来,在美国和欧洲一些国家引发了大规模反资本、反外来移民、反外来投资的公民运动,代表保护主义、民粹主义的政治势力影响大增。本次疫情来势凶猛,影响极大。面对疫情,各国都采取了严厉的防控措施,其中,停止或限制国际交往和居民活动是普遍采取的应急措

---

① "铁锈地带"最初指的是美国东北部五大湖附近的传统工业衰退地区,现可泛指工业衰退的地区。

施，由此，导致国际贸易和其他形式的国际交往突然中断，使得经济社会活动断崖式变冷，国内外生产与消费的供应链断裂，企业和个人都陷入严重的困境。

分析和认识全球化的新发展，还是要先从认识全球化的内在逻辑开始。总体看，支持全球化发展的要素主要是四个：一是多边开放体系，以世界贸易组织（WTO）为代表；二是企业的国际化经营与国际供应链；三是政府以增长导向的开放政策；四是公民的支持，即公民认为他们可以从全球化中得到好处。

多边贸易体系是二战后建立的最重要国际治理体系之一，宗旨是以制度构建推动世界市场的开放。但是，在很长时间内，多边体系并没有形成全球开放的市场框架，真正变为全球的体系是在冷战结束以后。因为世界市场分裂被打破了，形成了世界打通的市场，关税及贸易总协定（GATT）升级为WTO，提升了推动开放与治理的能力，包括中国在内的绝大多数发展中经济体都加入了WTO。从数据来看，无论是贸易还是投资，或是供应链，冷战结束以后都取得了快速的发展。然而，全球化在2008年金融危机后出现了一个大的转折点。全球化所积累的问题凸显，引发了对全球化的反思与调整。从大的方面说，主要背景之一就是世界经济格局和力量对比发生了大的变化，以中国为代表的一大批发展中国家的崛起，形成了对世界经济原有结构的挑战和改变。

在发展中国家群体实力上升，特别是像中国这样的超大规模国家崛起的情况下，美国对以普遍开放为原则的多边体系不再给予支持，对冷战后转型的WTO开始发难，发达国家也抱团要求改变原来的规则，这使得支撑全球化的多边体系面临制度危机。美国、欧盟和日本的贸易部长先后发表了多份联合声明，提出推动WTO变革的主张，美国则直接干预，终止了WTO争端机制的运作，甚至威胁退出。

面对诸多的国内社会问题，比如，贸易不平衡、地区发展失衡、公众对财富分配的不满等，许多国家的政府大幅度调整政策。作为全球化发展主推力的发达国家，特别是美国，推行本国优先的贸易保护主义政策，对像中国这样的发展中贸易大国实行单边主义限制。其实，不只是发达国家，也包括一些发展中国家，不再支持普遍性开放，转而推行平衡与对等开放的政策。越来越多的国家在考虑开放的负面影响，不再认可"开放都是好的"自由主义信条。社会公众不再盲目支持全球化，而是要求政府保护就业，保障权益，民粹主义成为有影响力的政治势力。企业，特别是大企业，是全球化的助推者，也是受益者。总体看，在 2008 年金融危机之后，尽管出现了政府与社会对全球化的反思与调整，企业界仍然基本坚持国际化战略。不过，由于政府政策与社会认知导向的变化，它们的国际化战略与运行环境受到了很大的影响。

新冠肺炎疫情蔓延对全球化的冲击，使得此前已经发生的一些问题更凸显，同时也增加了许多新的因素。新冠肺炎疫情在中国暴发后，政府采取封城和其他严厉隔离措施导致了大批供应链上的企业停工停产，使得国际供应链断裂。鉴于中国是地区和全球供应链的中心，其影响巨大。供应链断裂后，国外大批依赖供应链运营的企业没法再进行生产。同时，为了阻断疫情蔓延，其他国家也采取封关措施，致使国际联系从双向切断，诸多经济活动都陷于停滞。在中国国内疫情减弱的情况下，各地尽快复工复产，旨在尽快恢复原来断裂的供应链。但是，由于疫情在世界范围蔓延，导致了新的冲击波。各国实行更严厉的封堵停措施，人们对市场恐慌加剧，金融风险增大，许多企业陷入困境。特别是，由于欧美日成为疫情重点地区，经济萎缩造成的冲击力度更强，事实上，停工停产成为全球现象。

突如其来的变化引发了人们的反思，世界怎么了？在此情况下，对全球化的责难如潮水般涌出来，悲观的论调占上风，有人甚至断言，全球化已经终结。的确，疫情暴露出来的诸多问题，许多与全球化有关，比如，基于全球市场的经济供应链表现得非常脆弱，一处出问题，处处出问题，精心打造的供应链不堪一击，陷入整体断裂和停转；基于市场开放和竞争优势构建的国际分工体系导致需求与供给的分离，疫情期间凸显了基于分工的依赖并不安全，鉴于许多产品的供给高度集中国外，且高度依赖少数市场，甚至单一供给来源，在急需或者需求大幅度增加时，供给难以保障。

特别是，面对疫情扩散和由此造成的严重问题，政治家，特别是美国的政治家，往往把本国的问题归咎于外部传递与外部依赖，这为反全球化的势力提供了强有力的支持。像企业外迁、生产外包、进口依赖、外资控制等等，都成为政治话题，各种基于本土生产、限制关键生产转移的提案被列入政治议程，有些已经成为法规。

企业界也在重新思考基于全球化的国际经营战略与布局，把经营安全放在首要位置，因此考虑缩短供应链，把核心程序供应链本国化、小区域化等等。社会公众更为关心的是自身利益与生存安全的保障，为此对政府提出更多的社会诉求。显然，反应最强烈的是作为曾积极推动全球化的美国和其他发达国家，而作为参与供应链分工和产业转移接受地的发展中国家，不仅反全球化气氛并不强烈，而且担心来自发达国家的反全球化行动可能会损害他们的利益。尽管疫情期间，面对诸多问题，对全球化的问题存在着过度解读的问题，但应该认识到，全球化在变，变得与前不同。全球化转变的突出特点，是更新，或者说是蜕变。

政府在全球化发展中扮演着关键的角色，开放的政策是全球化正常发展的基本保证。疫情巨大冲击波所造成的影响，不仅危及社会、人的生命安全、就业安全，而且也危及总体国家安全。这使得许多政治家、战略家对全球化的含义进行新的认识，甚至重新定义。其中，谈论最多的是，全球化使得国家安全变得非常脆弱，一旦暴发像新冠病毒这样的疫情，供应链断裂，国家就会面临重大的危机。因此，必须降低对外依赖，让涉及国计民生的生产和其他能力留在国内。在美国，有的政治家甚至主张实行极端的保护主义、排外主义政策，总统经济顾问公开呼吁美国企业撤回美国。因此，后疫情时期，许多国家的政府都会对以前的开放政策进行重新审视和进行调整。

值得注意的是，在政府政策转变中，有些是与疫情无关的，其中影响最大的是美国对中国的科技遏制，把具有很强国际链接功能的高科技企业、网络公司列入受限的所谓"实体名单"，这样会对供应链产生严重影响。美国的单边保守主义与对抗性政治如果继续发展，对全球化的未来发展将会产生严重的影响。

当然，从发展规律上看，严重的疫情与综合影响往往会导致极端思维、极端势力上位，而危机过后，会出现思维与行为的理性回归。尽管如此，我们也要对新形势下全球化所会发生的重要调整与变化，以及由此带来的影响给予高度重视，以便在准确把握大趋势的基础上制定适宜的应对之策。

从发展看，以下几个方面可能会影响未来全球化趋势的变化：

其一，政府出于对国内社会经济均衡，特别是国家安全的考虑，政策考量会更重视对国内关键产业、关键技术的保护与留驻，更注重公民对利益的关注与诉求，从而更强调内向性支持、内向性发展。美国政府将会大力推动企业回归，让主要产能留在国内，对国内生产将会给予更多的支持。日本政府已经拨出巨资，为那些愿意回迁日本的企业提供支持，承担搬迁费用。现在还没有看到欧盟采取什么具体的措施，估计也会有一些支持企业留在欧盟的政策推出。

尽管如此，也要看到，让企业都回归本土，甚至是大部分回归，是难以实现的。对大多数参与全球化的企业来说，把全部或者部分经营环节转移国外，是保证企业生存发展的唯一选择。全球化使得发达国家的企业获得了生存和扩张的机会，让后起发展中国家有了参与的机会，形成了优势互补的组合，这也是推动世界经济发展的重要动力。如今，发达国家要他们迁回国内，即便政府出资承担搬迁费用，由于成本和其他因素的考虑，回去后经营上也会出现困难。政府的减免税收和其他临时补贴，也许难以让企业生存下去。比如，苹果公司，主要是产出技术专利，生产大都在其他国家进行，特别是装配工序，主要在中国和其他低成本国家完成，如果在美国生产，高昂的生产成本将使其产品失去竞争力。即便公司决定在国内扩大投资，下游生产还会依赖分工生产。

其二，面对变化的政策和环境，企业针对新形势的调整早已开始，疫情冲击将会推动调整进一步深化。20世纪90年代开始，企业加速进行全球化经营布局，构建基于国际分工的产业链，由此，推动了全球供应链的形成。由于交通、通讯便捷，供应链稳定，很多大企业都实行零库存供应制度，这种制度大大节约了成本，加速了贸易投资的发展，但这样的供应链也有很大的脆弱性，一旦发生突然事故，就会受到断供的影响。此前，日本的地震、核事故就曾造成供应链中断，既影响国内，也影响国外。这次疫情非同寻常，波及广，影响大，促使许多企业重新考虑国际产业链布局。预计，未来调整的一个趋势是缩短国际供应链环节，尽可能保护关键环节的安全。也就是说，把一些核心的东西往国内迁移，尽可能缩小环节链距离，把主要的供应集中在比较少数的几个节点上。以往，一个产品有的多达到几十个环节，这样的安排主要是为了降低成本，但风险大。事实上，有些调整并不主要是因为疫情，而是因为经营环境的改变。比如，许多利用中国作为低成本加工地的生产链，随着中国的成本上升，必然会迁到成本更低国家，但是，以中国为主要销售市场的生产会继续留下来，还会随着中国消费需求的增大而扩大生产。成本是企业效率的基本要素，全球化为企业提供了降低成本的机遇和平台，为了生存发展，企业是不会放弃的。因此，疫情影响下的企业全球化战略是调整，而不是摒弃。

其三，在未来调整中，全球化也会有新的发展。疫情也催生了新的行业，比如，与疫情关联的公共卫生产品的国际交易大幅度增加，大数据、大网络技术加速升级，迅速扩张，诸如网络视频、网络教育、网络娱乐、线上销售等的国际化加速，像原来名不见经传的ZOOM，一举成为全球性的视频网络，得到快速发展。网络数据产业具有空间化、全球化的特征，原来许多产业链的构造可能借助大网络、大数据进行调整，使得供应链更有稳定性与安全性。

大疫情突如其来，来势很猛，让世界各国都措手不及。疫情还在发展，何时结束，如何结束，结束后会不会死灰复燃，或者以新的变种再暴发，都是未知数。在这种情况下，我们既要观察现在，又要思考未来，需要科学分析，对新形势、新变化有比较准确的判断，以制定新战略、新对策。重要的是，不能把什么都与疫情联系起来，疫情毕竟会过去，但世界还要发展，需要研究长期的趋势。

改革开放以来，得益于政府、企业、个人积极参与全球化，中国实现了经济的快速发展，是全球化的受益者。在今后的发展中，中国还需要支持、参与和利用好全球化。疫情发生前，面对保护主义、单边主义、民粹主义的上升，中国政府旗帜鲜明地表明了支持全球化发展、捍卫多边主义体系的立场，这是非常重要的。但是，也要看到，全球化发展面临新的环境，需要进行调整改革。特别是，作为参与全球化很深的中国，要以变局中改革的认知来审视与应对全球化的未来发展。因此，在总体支持全球化发展的同时，要重视新变化，无论是政府的政策，还是企业战略，都需要与时俱进。特别值得一提的是，在美国及其他国家，一些势力把全球化、疫情冲击政治化，以减少对中国的依赖为由，助推与中国脱钩，以增加安全性为借口，排斥中国企业参与供应链，对此，我们需要给予特别重视。

中国在推动面向未来的全球化发展中，也有自己的优势。中国是世界第二大经济体，自身有强大的影响力，可以通过自身的影响力，推动形成支持全球化发展的共识；本身的巨大市场，会继续吸引国际资本、技术、服务的流入；经过几十年的发展与提升，中国由生产转移和技术传递的接受者角色向提供者角色转变，有推动构建产业链更新的能力；中国推动的"一带一路"、亚投行等可以成为推动全球化更新与发展的重要驱动力。广大发展中国家需要开放的市场环境，需要全球化下的多边治理，需要参与和推动发展的机会，因此，中国推动全球化的更新与发展会得到广大发展中国家的支持，同时，企业需要继续利用开放的全球市场实现发展，也是推动全球化发展的重要力量。

总之，开放下的相互连接与相互依赖不仅是当代，也是未来世界的一个基本特征。全球化在改变，但不是回到过去，而是面向未来。世界不会退回到各自为政的所谓"部落主义时代"。

高飞 外交学院副院长
教授，博士生导师

完善全球治理是全球化发展的未来方向

新冠肺炎疫情在短期内横扫全球，超过 200 万人感染，股市激烈震荡，国际航班大面积中断，全球供应链面临停摆，各国损失惨重。国际货币基金组织 4 月 14 日发布的《世界经济展望报告》预计 2020 年全球经济将萎缩 3%，为 20 世纪 30 年代大萧条以来最大的经济衰退。继 2001 年 "9·11" 事件、2008 年全球金融危机之后，新冠肺炎疫情已经成为 21 世纪初影响全球的重大事件之一。基辛格更是断言"新冠病毒大流行将永远改变世界秩序"[①]。相比人类历史上经历的多场疫情，此次新冠肺炎疫情传播速度如此之快，影响范围如此之广，一定程度上与 20 世纪 80 年代以来全球化的深入发展密不可分，也由此引发了舆论对于全球化的质疑之声，疫情后全球化的走向成为人们关注和未来国际秩序构建的焦点。

一、全球化面临更新换代

"全球化是政治的、技术的、文化的以及经济的全球化"，它使我

[①] Henry A. Kissinger, *The Coronavirus Pandemic Will Forever Alter the World Order*, Wall Street Journal, April 3, 2020.

们所生活的社会组织发生了巨变，影响着生活于其中的我们的方方面面，甚至可以说"它是我们现在的生活方式"。① 全球化是一把双刃剑，它在全球范围优化资源配置、促进经济增长、传播新技术新文化，但也冲击着传统经济模式、侵蚀传统文化、威胁社会稳定。

自20世纪90年代以来，随着全球化进程不断加快，"反全球化思潮"也不断高涨。1999年11月30日到12月初，美国西雅图发生了举世震惊的示威运动，开启了大规模反全球化示威的先河。2001年6月9日，世界社会论坛国际委员会在巴西成立，反全球化运动本身开始走向"全球化"。2002年，在西雅图反全球化风暴中成名的杰里·曼德和他创建的全球化国际论坛出版了一部《经济全球化的替代方案：一个更好的世界是可能的》②，集中系统阐释了他们对全球化的理解。从政治立场上看，反全球化力量有左翼、右翼、自由主义者，也有保守主义者，有各地的工会组织，也有无政府主义者、社会主义者、生态主义者、女权主义者、和平主义者，等等。③ 由此可以看出，人们经常使用的"反全球化"只是一个现象，它既没有坚实的反全球化内核，也不是单一的运动。④

2008年国际金融危机爆发以后，全球化进入深度调整期，一些发达国家出现了"逆全球化现象"。2016年的"英国脱欧"和美国特朗普政府上台，是逆全球化现象的一波高潮。逆全球化现象凸显在世界经济

---

① （英）安东尼·吉登斯：《失控的世界》，南昌：江西人民出版社，2001年中文版，第6、15页。

② IFG, *Alternatives to Economic Globalization: A Better World is Possible*, Sn Francisco: Berrett-Koehler Publishers, 2002.

③ 李丹：《反全球化运动研究：从构建和谐世界的视角分析》，北京：九州出版社，2007年版，第115-168页；向红：《全球化与反全球化运动新探》，北京：中央编译出版社，2010年版，第135-170页。

④ Duncan Green and Matthew Griffith, "Globalization and Its Discontents", *International Affairs* (Royal Institute of International Affairs 1944-), Vol. 78, No. 1 (Jan., 2002), p. 50.

增长乏力的背景下,西方发达国家内部矛盾加剧,民粹主义抬头。从反全球化的民间思潮,到政府推行逆全球化政策,全球化的反面力量开始冲击国际关系中的既有传统与格局。美国是二战后国际规则的主要制订者和维护者,但特朗普政府上台后采取了一系列逆全球化的举动。这些政策一是奉行贸易保护主义,坚持"美国优先",四处挥舞保护主义大棒,对主要贸易伙伴全面打响贸易战;二是推行规则修正主义,先后退出了《跨太平洋伙伴关系协定(TPP)》《巴黎气候变化协定》、联合国教科文组织、《全球移民协议》《伊朗核协议》、联合国人权理事会、《中导条约》等国际机制,迫使世界贸易组织停摆,停止支持世界卫生组织,使国际秩序的不确定性上升;三是主张政治孤立主义,强调减少国际义务,在美墨边界筑墙、颁布禁穆令等。2019年特朗普在联合国大会上抨击全球主义,声称"未来不属于全球主义者,未来属于爱国者"①。

新冠肺炎疫情暴发后,反全球化力量从过去的反全球化思潮、逆全球化政策开始发展为"去全球化行动"。疫情冲击波在全球形成了风险联动,商品、服务、人员、资本的流动受阻,地区和全球产业链被迫调整,种族主义和过激行为上升。疫情进一步削弱了支持全球化和多边主义的力量,一些国家相互封锁边境、管控医疗物资出口、"甩锅"疫情责任、推动制造业回归、限制粮食出口。面对疫情肆虐,有人主张修建隔离墙、防火墙,阻隔风险,有人强调本国第一、自身利益优先,也有人强调世界应该回归到20世纪80年代以前"有限的全球化"的状态,其目的就是通过"去全球化",重塑国家个体的主权权力,回归到经济主权时代,依靠自身的资源重建技术与生产的独立性,实现所谓"战略

---

① 2019年9月24日,特朗普在第74届联合国大会上的演讲。观察者网,https://www.guancha.cn。

性的自给自足"。

在国际格局调整、国际秩序重塑的时刻，美国的《外交政策》杂志认为"新冠肺炎疫情是一个震惊世界的事件，它将导致政治和经济权力的永久性转变"①。可以肯定，在疫情的冲击下，人们过去数十年中熟悉的全球化已不复存在。同时，作为全球发展的长期趋势，全球化也不会终结，上一波的全球化是冷战结束的政治红利、全球经济金融贸易制度完善的制度红利、交通与通信技术发展的技术红利共同作用的结果，今天技术的进步仍未止步，可以预见，在新的条件下全球化的方向将得到重塑。

二、"逆全球化""去全球化"成为短期常态

冷战结束以来，经济全球化推动国际分工日趋细化，劳动生产率迅速提高，给世界各国带来了巨大福祉。在全球化的推动下，全球 GDP 总量从 1990 年的 22.62 万亿美元增加到 2019 年的 85.91 万亿美元，增长了 3.8 倍。全球极端贫困人口数量从 1990 年的 19 亿，下降到 2018 年的 6.56 亿。② 与此同时，全球化的消极影响也不断显现，贫富差距拉大、恐怖主义蔓延、国际金融危机频发、流行病毒肆虐，冷战后蓬勃发展的全球化渐呈颓势。据世界银行统计，全球贸易占世界 GDP 的比重在 2008 年达到历史最高的 60.90%，全球对外直接投资净流入和净流出占 GDP 的比重也都在 2007 年达到峰值的 5.37% 和 5.34%，随后不断下降。

---

① *How the World will Look After the Coronavirus Pandemic*, See, https://www.foreignpolicy.com, March 20, 2020.（上网时间：2020 年 4 月 20 日）

② "The Millennium Development Goals Report 2015", http://www.un.org/millenniumgoals/2015_MDG_Report/pdf/MDG%202015%20rev%20(July%201).pdf；另见，安春英：《全球贫困治理中的非洲减贫国际合作》，2019 年 10 月 18 日，人民网，http://www.people.com.cn。

1960 年以来世界 GDP 增长情况

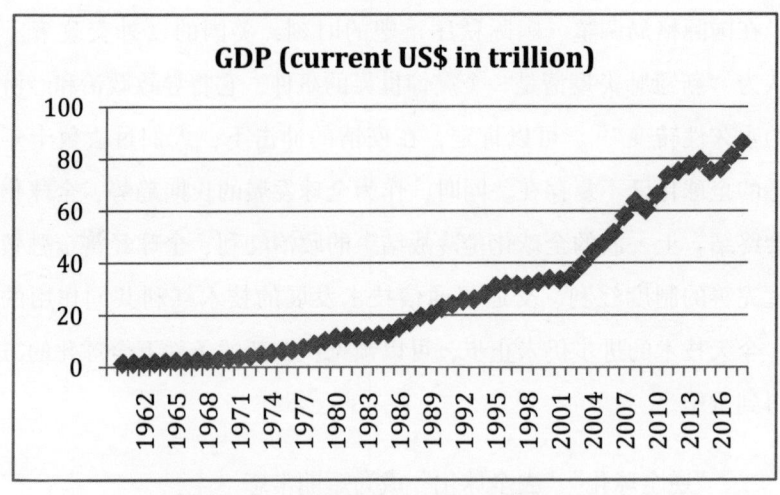

数据来源：世界银行网站 www.worldbank.org

1970 年以来全球贸易占 GDP 的比重和国际直接投资情况

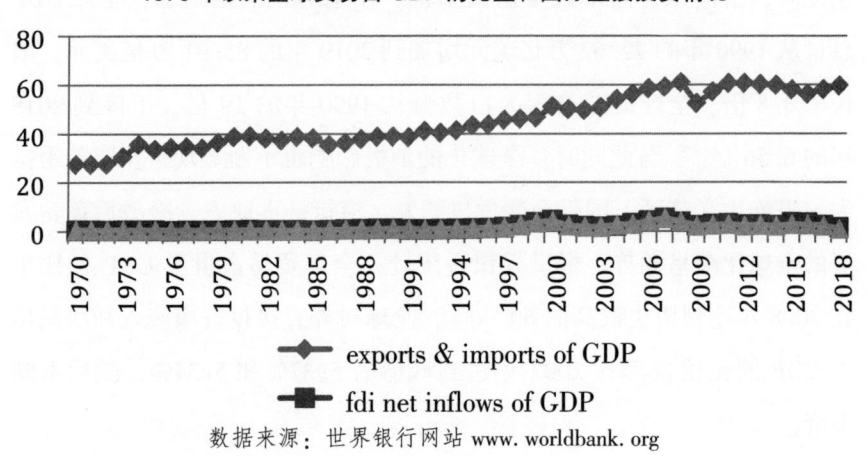

数据来源：世界银行网站 www.worldbank.org

全球化带来的互联互通是世界经济繁荣的基础，也是导致全球脆弱性上升的因素。世界联系越紧密、全球分工越细致，劳动生产率越高，复杂分工体系的风险性也越大。尽管从长远来看，全球化代表人类社会的发展趋势，无法逆转，但是从短期来看，"逆全球化""去全球化"会成为短期常态。

一是世界各国会更加关注涉及国计民生的核心产业部门，并不惜代价促成这些部门的"回归"。根据麦肯锡研究，2010 年以来，中国对世界经济的依存度在相对下降，而世界从贸易、经济和技术三个层面对中国的依存度越来越深。[①] 疫情暴发后，"供应链高度依赖中国"引起了欧美国家的警惕和反弹，英国《经济学人》在"隔离之下的全球化"一文中，认为这是新冠病毒带给世界的严厉教训，即使疫情过去，世界对中国依赖的警惕仍会加重。[②] 2020 年 3 月 12 日，法国总统马克龙在电视讲话中强调，此次疫情启发了我们，必须将某些商品和服务置于市场规则之外，将食物、防护、医疗和生活环境托付给别人是一件疯狂的事情。我们必须重新夺回控制权，建立一个比现在更独立自主的法国和欧洲，一个牢固掌握自己命运的法国和欧洲。可以预计，疫情之后药品、医疗防护用品将首当其冲出现"回流"潮，产业链"多元化"势所必然。

二是世界经济区域化进程会加快，全球范围的经济合作和机制建设不容乐观。近年来，国际货币基金组织和世界银行难有作为，WTO 的改革举步维艰，二十国集团合作进程受阻，在全球合作受阻的情况下，区域合作是全球合作诉求的减震器和安全阀。疫情冲击下，地区国家自然和社会条件的相似性带动抗疫节奏共鸣，合作的共识增强，缩短运输距离也增加了产业链的保障性。近年来，区域全面经济伙伴关系协定（RCEP）谈判取得突破性进展，中日韩三边合作氛围明显改善，美墨加签署新合作协议，都是明显的例证。

[①] 麦肯锡全球研究院：《中国与世界：理解变化中的经济联系》（2019 年 7 月），麦肯锡网站，https://www.mckinsey.com.cn.

[②] Chaguan, Globalisation under quarantine, *Economist*, Feb. 29, 2020, P. 48.

三是地缘政治回归，大国博弈会更加激烈，大国协调解决全球性挑战更加困难。冷战结束后，全球化突飞猛进，大国之间合作是重要的促成因素。近年来，随着美俄政治矛盾上升，中美经贸摩擦加剧，大国之间的竞争日趋激烈。全球化进程中，世界各国发展不平衡，助推民族主义上升；国内社会分配不平衡，致使民粹主义泛滥。疫情期间，美国指责中国隐瞒疫情，把病毒称为"中国病毒"，进一步恶化了双方合作的氛围，限制了两国政府合作抗疫的能力。

从总体上看，在经历了2018—2019年贸易战预热后，2020年开始"逆全球化""去全球化"将成为一段时期的"新常态"。

三、完善全球治理是未来方向

经济全球化是人类社会发展的必然趋势，代表着历史前进的方向，把困扰世界的问题简单归咎于全球化，既不符合事实，也无助于问题解决，明显开错了药方。同任何其他事物一样，全球化既有积极一面，也必然带有消极影响，关键在于国际社会能否建立与全球化进程相匹配的全球性制度安排，完善全球治理。

从2020年1月新冠肺炎疫情在武汉蔓延开始，欧美一些国家就采取了撤侨、断航等极端措施，然而最终却未能独善其身，先后成为疫情的震中。在新冠肺炎疫情的冲击之下，全球治理体系的缺陷暴露无遗，合作精神匮乏、信息沟通不畅、政策反应迟缓、协调能力不足，加强治理能力、提升合作水平的任务十分迫切。病毒没有国籍，抗疫没有国界。疫情是一次压力测试，暴露出全球化目前存在的一些问题，也为优化全球化、完善全球治理体系提供了契机。只有借此完善全球治理体系，突破制度性瓶颈，才会顺应时代潮流，增强全球化的发展动力。否则，全球化的负面效应就会不断卷土重来，全球化与逆全球化会交织上演，世界就会在徘徊彷徨中失去发展的动力和方向。

新冠肺炎疫情的全球大流行再次表明，人类是命运相连、福祸同担、休戚与共的命运共同体。病毒是人类的共同敌人，合作抗疫是唯一正确的选择。进入 21 世纪以来，2003 年的非典（SARS）、2009 年的猪流感（H1N1）、2012 年的中东呼吸综合征（MERS）不断冲击全球公共卫生的防线，带来了一次又一次全球公共卫生挑战。可以预见，世界各国面对的共同课题将不断增多，人类面临的非传统安全考验绝非一国之力可以解决的。即使短期隔离对于控制疫情至关重要，长期的孤立主义将在经济等领域带来更大的损害，对真正抗击传染性疾病的传播毫无助益。《人类简史》作者尤瓦尔·赫拉利因此认为，"真正的解药不是隔离，而是合作"[①]。新冠肺炎疫情的全球蔓延，也是全球化背景下国际合作不足的一次惨痛教训。面对疫情在中国的肆虐，世界各地的人们给予中国大量的援助，中国人民永志不忘。相比之下，疫情期间有些国家政府行动迟缓，隔岸观火，甚至强调中国发生疫情有利于"制造业回归"，痛失联手抗疫的窗口期。如果迟迟不能重建相互信任，建立有效的合作机制，疫情之后全球范围内权力将向民族国家进一步回归，各国将偏好建立独立的供应链体系，全球劳动生产率提升幅度下降，大国之间的竞争摩擦加剧，寻求相对收益，强调单边发展，全球化进程将会遭遇重挫。

四、中国展现大国的责任与担当

在应对疫情过程中，中国坚持对本国人民负责、对世界人民负责的原则，建立新冠肺炎疫情防控网上知识中心，向所有国家开放；开展国

---

① （以）尤瓦尔·赫拉利：《阻止全球灾难，需要重获失去的信任》，载《三联生活周刊》，2020 年第 12 期。

际合作加快药物、疫苗、检测等方面科研攻关；推动建立区域公共卫生应急联络机制，提高突发公共卫生事件应急响应速度；提供力所能及的援助，向其他出现疫情的国家和地区支持医疗器械和防护用品。"中国援助"与"中国制造"为全球疫情防控注入了源动力。2020年3月26日，国家主席习近平在二十国集团领导人应对新冠肺炎疫情特别峰会发表了《携手抗疫共克时艰》的讲话，提出了坚决打好新冠肺炎疫情防控全球阻击战，有效开展国际联防联控，积极支持国际组织发挥作用，加强国际宏观经济政策协调等以合作为基调的四点倡议，展现了中国的大国责任与担当。面对百年未有之大变局，全球化出现杂音、世界经济中存在竞争、国家之间暴露摩擦都是正常现象，未来的关键是做到以下几点：

第一，完善国家治理体系，提升治理能力，做好自己的事情。习近平同志指出，"面对复杂形势，最根本的还是要办好我们自己的事情。"[1] 新冠肺炎疫情在国内和国外的递次暴发，再次提醒我们要统筹好国际国内两个大局，从预防、管控和应对各种外部风险入手，不断深化国内改革，完善国家治理体系。面对疫情造成的经济衰退和"逆全球化""去全球化"挑战，我们应进一步提升对外开放层次和水平，对准国际高标准经贸规则，推进自由贸易试验区和自由贸易港建设，构建全面开放新格局，重塑产业分工格局，实现产业结构的跃升。利用多层次国内市场引领全球数字化发展，通过推动新兴技术与传统产业融合，不断提升中国在国际产业链和价值链上的位置，真正实现中国经济从"高速度"到"高质量"的发展。

第二，坚持开放包容，避免国际关系意识形态化，绝不走冷战对抗

---

[1] 中共中央文献研究室编：《习近平总书记重要讲话文章选编》，北京：中央文献出版社，2016年版，第221页。

的老路。疫情期间，世界各种民粹主义、种族主义、意识形态化杂音不断涌现，对此要保持大国的定力。不同社会制度、不同意识形态的国家将在世界上长期存在，这是一个客观现实。面对苏东变局，邓小平同志曾指出，"要坚持同所有国家都来往，对苏联对美国都要加强来往。不管苏联怎么变化，我们都要同它在和平共处五项原则的基础上从容地发展关系，包括政治关系，不搞意识形态的争论。"[1] 超越意识形态处理国家关系，就是要在外交中坚持独立自主，对于一切国际事务，都从中国人民和世界人民的根本利益出发，根据事情本身的是非曲直，决定自己的立场和政策；就是要坚持走和平发展道路，通过和平发展自己，同时通过自身的发展维护世界和平；就是要超越意识形态，构建人类命运共同体，把中国的发展与世界各国人民的共同利益结合起来，主张各国人民同心协力，共同应对挑战，实现共同发展和进步。

第三，坚持改革、扩大开放，避免与西方经济脱钩，理性应对挑战。中国具有一流的交通、物流、通信等基础设施，庞大熟练工人和工程师队伍，世界上最为完整的产业链系统，竞争优势明显，同时经济规律决定世界产业链的转移具有一定的不可逆性，加之全球供应链将各国利益深度绑在一起，经济"去全球化""去中国化"绝非易事。然而，疫情期间白宫国家经济顾问库德洛提议让美国企业撤出中国、回流美国并给予100%直接报销；日本政府也宣布要支付22亿美元支持日资企业迁出中国；德国联邦内阁决定修改《对外贸易和支付法》旨在阻止德国企业被外资趁机收购；印度宣布对所有"与印度有陆地接壤国家"的直接投资采取审批限制等，我们必须予以高度警惕。

第四，坚持多边主义，积极参与国际治理体系变革，维护全球合作。从本质上看，英美两国的"逆全球化"政策实质上是要建立另一

---

[1] 《邓小平文选》第3卷，北京：人民出版社，1993年版，第353页。

套全球化体系，英国在"脱欧"公投后随即开始以"全球化英国"为纲领开展经贸活动，特朗普在大打贸易战的同时目标指向签署新的贸易协定，寻求通过"替代版全球化"（alter-globalization），维护美国的利益。改革开放40多年来，中国经济高速成长，创造了世界发展史上的奇迹，然而并不意味着中国经济可以高枕无忧。中国经济的成功经验在于，中国将自身的改革与全球化的进程紧密结合，通过和平方式获得了世界的资金、技术和市场，然后发挥自身的人力资源优势，取得了成功。作为全球化的受益者，中国有责任发挥大国的责任与担当，维护全球化进程，引领全球治理变革。只要全球化的进程不中断，中国的发展就将可持续。

危机是考验，也是机遇。经历了惨痛教训的人类应该冷静思考未来世界将何去何从。疫情过后，全球化难以一帆风顺，也不会彻底终结，改变势在必行。在一损俱损、一荣俱荣的人类命运共同体中，回归孤立，或把一个地球再次分裂成"两个阵营""三个世界"都不是出路，通过合作提升全球治理能力才是世界发展的正途。丘吉尔曾说，"不要浪费一场危机"。只有在危机中学会更好地合作，完善全球治理体系，人类才对得起在新冠肺炎疫情中付出的高昂学费。

胡必亮　北京师范大学"一带一路"学院执行院长
经济学教授

推动构建更加美好的全球化世界

新冠肺炎疫情给全球的未来发展以及世界各国的发展都带来了很大的不确定性。其中大家很关心的一个重要问题就是，疫情过后的全球化将是一种什么样的情形。

一、疫情过后，全球化发展将表现出一些阶段性新变化

从目前的情况来看，这次新冠肺炎疫情对全球化发展所带来的影响是巨大的。我们可以看到的是，疫情过后，全球化发展将表现出一些具有阶段性特征的新变化。这些新变化持续多长时间，取决于我们用多长时间推动全球化转型，构建一个更好的全球化。

第一个新变化：更多的区域性，而非全球性。受疫情影响，资源的配置、产业的布局，将大幅收缩，主要地从全球配置与全球布局收缩回本地区，产业链、供应链、价值链将更多表现出区域化特征。因此全球化的区域性特征会加强，区域战略变得更加重要。按照一般的看法，尽管区域性也属于全球化的一种属性，也是全球化的一种表现形式，但因为它容易带来对区域外的歧视性，也有可能造成对全球市场的扭曲，因此人们并不认为它是全球化的一种好形式，还是认为坚持多边主义、构建全球体系或国际体系比较好。从这一点来看，疫情后的全球化属于是

一种"回流"。

第二个新变化：更多的局部性，而非全面性。尽管产业链、供应链、价值链出现收缩，但有些领域的全球化也会因为疫情影响而得以加速发展，譬如说公共卫生和健康领域的全球化、应对气候变化领域的全球化、信息技术与信息传播的全球化等都会加快，因为在全球联合抗疫的过程中，世界各国加强在这些方面的合作至关重要，不管你愿不愿意。疫情期间以及此后的一段时期，由于重振经济的需要，世界各国在财政政策、货币政策方面的协调实际上也会不断加强，而不是削弱。总之，疫情会使全球化的全面性和统一性受到破坏，但同时局部的全球化过程却会加快推进。

第三个新变化：更多的碎片性，而非整体性。由于以上两种特性的影响，整体的全球化体系出现分化、破裂的状况，于是全球化也就表现出另一种特定形态，那就是全球化的碎片化形态。在这种情况下，整体的全球化得不到协调发展，但其中有的方面会继续发展，整体的全球化会出现相互割裂的现象，表现出显著的非均衡发展特征。

第四个新变化：更多的本土性，而非国际性。一般而言，全球化发展通常是与不断地打破民族国家界限而同步得到发展的，一个典型的表现就是越来越多的国家在投资、贸易、产业、金融、标准等方面更多地遵循国际规则和国际标准。这次疫情后，很多国家会在贸易发展、投资决策、产业布局等方面走向另一个方向，更多地选择回归本土，更多地遵循本国的规则与制度，民族国家意识和影响力会增强，国家对资本的控制力也会加强，跨国公司的影响力下降。

第五个新变化：更多的边缘性，而非协调性。在这次全球抗疫过程中，到目前为止，本来应该发挥重要作用的国际组织，除了世界卫生组织发挥了一些作用外，其他国际组织如联合国系统的绝大部分机构，如世界银行、国际货币基金组织、世界贸易组织等发挥的作用都非常有限。区域性的国际组织更是没有发挥好协调作用。因此，很多国家不能及时得到国际社会的支持与帮助。这意味着全球治理主体被边缘化了，很多国家因此也被边缘化了。

第六个新变化：更多的分化性，而非统一性。分化的特性这次体现在政治、经济、社会等多方面，但究竟分化到了什么程度，疫情后是否会进一步分化，分化为多少极，现在还很难说。分化也是全球化发展过程中的一种形式，其结果就是导致多元的全球化。以经济全球化为例，现在世界上几乎所有国家都遵循基本的市场规律，但并不是所有国家的市场经济道路都是一样的。因此即使是分化的全球化，也不能说全球化终结了，因为对立中也有合作。就像在目前的情况下，各国没有选择，唯一正确的选项就是合作，至于合作程度如何，那就是另一回事了。

总之，因为全球化过程并不是一个纯粹的过程，更多的是各种因素相互联系、相互支持、相互矛盾、相互冲突的过程，因此即使全球化发展因为某些特定原因（这次是新冠肺炎疫情，以前发生过第一次世界大战、第二次世界大战等）在特定时期出现一些阶段性变化，也不能说全球化就停止了，更不能说全球化就消亡了。正好相反，在有些因素推动全球化发生一系列新变化的同时，也有一些因素在继续推动全球化向前发展，以保持全球化的总体发展趋势不发生根本性的改变。

二、疫情过后，全球化发展大趋势不会发生根本性改变

为什么说疫情过后全球化发展大趋势不可能发生根本性改变呢？因为在疫情对全球化发展产生影响而带来全球化的一系列阶段性变化的同时，另外一些因素仍然在推动着全球化继续向前发展，而这些因素没有也不可能因为新冠肺炎疫情的影响而发生改变。由于新冠肺炎疫情是暂

时的，因此我们以上所提到的一些全球化的新变化也都是阶段性的；但那些推动全球化继续向前发展的因素将永恒地发挥作用，因此就决定了全球化发展的大趋势不可能因为这次疫情而发生根本性的改变。

第一个不变的因素：地理位置。不同国家或地区所在的地理位置和领土面积不会因为这次疫情而发生改变，因此各自的资源禀赋就会继续维持这种差别，进而比较优势也各不相同。总体而言，人类社会发展到今天，再要回到普遍闭关锁国的情况是完全不可能的，因此为了实现各自利益的最大化，国际贸易发展的大趋势是不可能被任何人改变的，更不可能被这次疫情所改变。从世界上最早的商品交易发展到现在的国际贸易，其间虽然发生了很多自然的、人为的灾难，包括瘟疫、战争等，都没能从根本上改变贸易不断得以扩张发展的大趋势。毫无疑问，这次也不例外。

第二个不变的因素：资本本性。我们都知道，资本的天然本性就是通过不断地投资（投机）而获取越来越多的回报。在我们今天的世界，资本主义国家比社会主义国家要多很多，而且社会主义国家也支持合法的资本投资行为，因此通过资本投资获取更多收益已成为一种普遍现象和公认的人类行为。这样的话，资本就会不断地在越来越大的范围内扩大投资规模、生产规模、经营规模，最终形成资本全球流动的大格局。事实上，人类的投资行为早就是全球性的，我们讲全球化，首先指的就是资本的全球化，因为资本的全球流动是推动全球化发展的最重要动因。这一动因及其继续发展的趋势，有可能因为新冠肺炎疫情而暂时有所减缓，但绝对不可能因此而完全被抑制和被终止。

第三个不变的因素：科技创新。快速的科技创新与科技进步的动力不仅不会因为这次疫情的影响而降低，相反会得到加速提升，疫情期间基于互联网的各种科技创新服务业的快速发展就充分地证明了这一点。

在互联网得以广泛普及发展的基础上，5G 技术的运用、大数据的开发、智能制造的发展等都将继续把全球化推向新的发展水平和新的发展高度，而决不会起到阻止、终止全球化的作用。

第四个不变的因素：市场规律。市场规律，就是来自市场的客观的力量。这就是促使在地理位置和资源禀赋相对稳定的情况下通过国际贸易发展而实现更高比较优势的机制；这也是在充分发挥资本本性动能基础上促进国际投资取得最好回报的机制；这还是促使科技创新投资不断地取得更高收益的机制。这样的机制及其运行是客观的，没有人能够改变它，当然这次疫情也是不可能改变这样的机制及其运行的。

第五个不变的因素：历史演化。从历史的角度来看，全球化是一个历史演化的过程。尽管对于其起源还有一些争论，但争论的焦点只是在于它究竟有多长的发展历史，是 5000 多年呢，还是 2000 多年呢，还是 500 多年，等等。但基本事实是清楚的，那就是全球化已经经历了相当长的历史发展历程了，从演化发展的规律来看，如果不出现非常极端的情况，这一演化过程将会继续下去。

以上提到的五个因素，就是推动全球化发展最重要的五个动因（当然，并不是全部的）。很显然，从目前的情况来看，我们还看不出有什么力量能够改变这五个因素各自的作用方向，因此就更看不出由这五种力量共同决定并已经形成了巨大合力所推进的全球化发展的基本方向。即使发生了像第一、二次世界大战这样的特殊情况，最终结果也只会导致全球化发展的暂时减速，有的年份也许可以说是"暂停"，但战后都得到了恢复并以更强劲的势头得以发展。原因很简单，那就是因为全球化过程是由一系列客观规律在推动其不断发展的一个客观的发展过程，其长期发展的总体趋势和基本方向是不会被改变的。

因此，即使这次疫情引发和带来了一些与全球化长期发展趋势相冲突甚至相对立的新变化（以上谈了六个新变化），但主要都是阶段性的，这些新变化从根本上改变不了另外一些因素（以上谈了五个不变的因素）所产生的客观作用，因此疫情后的全球化发展进程不会中断，更不会彻底消亡，正好相反，全球化大趋势仍将继续得到发展。但是，这次疫情也给人类提了一个醒，那就是进一步的全球化发展必须适应时代的需要而不断地实行转型升级，要推动构建更好的全球化。

三、推动全球化转型，共同建设一个更加美好的全球化世界

当然，这次新冠肺炎疫情确实促使全世界及其各国人民都开始重新思考全球化发展问题，因此目前出现一些不同的看法甚至完全相反的看法，都属正常现象。

从这次新冠肺炎疫情的全球大暴发以及人类与之进行斗争的这段时期的情况来看，一方面（新冠）病毒的全球化速度很快，迅速对人类生存与发展形成了严重威胁；另一方面，人类在面对病毒严重威胁的情况下，并没有利用好全球化机制带来的积极价值，全球合作十分有限，全球联合抗疫行动迟缓而乏力，更有甚者，有些国家及其领导人，既不重视人类的联合行动，也不珍视本国人民的生命价值，而且在整个抗疫过程中人为地制造各种人类矛盾，人为地造成人类分化与分裂，对全球联合抗疫造成了不利影响。

因此，反思这次疫情的全球性暴发及其影响，很有意义。但反思的结论不是要终止全球化，退回到闭关锁国的历史时代，而是针对这次全球抗疫过程中出现的问题，更好地改建和完善目前的全球化，促使全球化实行转型升级，进而构建一个更好的全球化。只有这样，当人类在未来再次面对类似新冠肺炎疫情甚至更为严重的全球性问题时，人类能够利用全球化机制的积极价值，迅速地团结起来，形成合力，成功地应对

各种新的全球性挑战。

所谓全球化，简而言之，就是全球的相互融合发展、一体化发展的过程。全球的相互融合和一体化发展体现在很多方面，但最终目标是要实现人的发展，实现整个人类的共同发展。也可以说，全球化的核心就是要实现全球所有人的共同发展。因此，我们提倡实行全球化转型发展，目的就是要推进目前的全球化发展模式转型到更加重视和更好促进全球所有人共同发展的新的全球化模式上来。基于这次全球疫情大暴发的经验教训，我们至少应该从以下几方面积极推动全球化转型发展。

一是要坚持构建人类命运共同体这一基本理念。很多全球性问题都直接涉及人类命运与未来，这次新冠肺炎疫情只是其中一个典型的例子而已。类似的全球性问题决不只会发生这一次，今后还会出现类似的全球性挑战，譬如说大家都十分担心的全球气候变化问题，也会直接影响到整个人类的命运与未来。因此，我们不仅需要全球化，而且需要通过全球化机制把整个人类团结起来，促进更加密切和更加深入的全球合作，更好地凝聚所有人类的聪明才智，战胜各种自然灾害和不可抗拒灾害对人类的威胁，保证人类和人类社会的可持续发展。从当前的具体情况来看，一方面是各国政府和人民需要进一步团结起来，加强合作，提高全球联合抗疫的力度和效果；另一方面是要组织和协调好疫苗和药物在全球范围内的联合研发与攻关，尽快生产出有效的疫苗和药品，造福于整个人类，从根本上打赢这场对整个人类带来巨大威胁的新冠肺炎疫情阻击战。

二是坚持共商共建共享的基本原则。既然是要推动构建一个更好的全球化，那就意味着要实现人类共同的融合性发展，也就直接涉及世界上所有国家、所有人的利益。过去的全球化发展所带来的结果往往导致少数国家、少数人对全球自然资源、经济财富、政治权力的更多占有，全球发展的不平衡、不均衡情况不仅没有改善，反而恶化了。其中一个十分重要的原因就是，大部分发展中国家在全球治理体系中缺乏话语权。因此推进全球化转型发展的重要原则就是要通过共商共建共享而促进全球各国的共同发展，促进全球所有人的共同发展，为此，当前的全球治理体系必须得到改革和完善，以保证大家的全球由大家共同治理，促进全球及其人类共享全球化所带来的红利。

三是推进全球化转型发展的主要任务，目前就是要努力实现联合国《2030年可持续发展议程》所提出的目标。一是因为这个议程很好地体现了人类追求和平与正义、平衡效率与公平、发展经济与消除贫困以及促进社会发展与环境保护等重要发展目标；另一个很重要的原因就是，这个议程是经联合国193个会员国一致通过的发展目标，比较好地体现了世界上几乎所有的国家及其人民的诉求与期望，具有很好的包容性。

中国基于其建国以来特别是改革开放以来的发展经验，提出了构建开放、包容、普惠、平衡、共赢的经济全球化发展目标，反映了平等合作、同舟共济、互利共赢、共同发展的基本诉求，与联合国《2030年可持续发展议程》所提出的目标是相吻合的，因此也受到了国际社会的积极评价。

四是推进全球化转型发展要从实际出发，实施多元一体的发展路径。也就是说，世界这么大，各国经济社会发展水平和文化传统背景各不相同，推进全球化发展路径不可能"一刀切"，而应通过多种方案来共同推进，殊途同归，共同催生一个更好的全球化的出现与发展。

2008年全球金融危机后，中国针对当时全球经济发展动力不足、全球化发展出现"逆流"的情况，于2013年倡导与世界各国平等合作，通过共建"一带一路"而促进全球互联互通发展。这一方面直接有利于继续推进全球化发展，另一方面也将直接促进全球经济实现更好的联动性增长。

经过7年的努力,中国与160多个国家和国际组织依托"一带一路"建设平台,已经投资建设了一批重大的交通、能源基础设施项目,也在一定程度上推进了贸易投资便利化发展,加强了国际金融合作,促进了民心相通和发展战略与宏观政策的协调等,取得了可喜的成果,为促进全球化转型发展进而为促进建设一个更好的全球化贡献了"中国方案"并做出了实践探索。世界其他国家和地区也都可以从自身实际出发,提出一些有利于促进全球化转型升级发展的好方案,并在自愿互利、平等合作的基础上开展广泛的国际合作,将各自方案付诸实践,在经过一段时期实践后,取得经验,相互借鉴,取长补短,最终形成大家都能接受的好方案,共同推动更好的全球化发展,促进世界各国共同发展,促进人类社会更好发展。

陈凤英　中国现代国际关系研究院研究员

新冠肺炎疫情推进全球产业链与供应链调整

突如其来的新冠肺炎疫情全球大流行，堪比"1918年的大流感"，对世界经济冲击程度，可与20世纪30年代大萧条相比。疫情对全球产业链冲击前所未有，供应链中断凸显安全问题，推进全球制造业的结构性重组。未来，在新冠肺炎疫情、新技术革命、国际贸易摩擦的三重合力冲击下，全球供应链将加速区域化，加速形成"三足鼎立"的格局——北美、欧洲、亚洲三大板块。后疫情时代，区域内将构筑起闭环式完整产业链体系，供应链将收短，跨境流动将放缓，复杂分工将收缩，中间环节将变短。这将对全球化和国际合作带来负面影响。而美欧政治极化与民粹主义泛滥，将成为全球产业链和供应链调整的难点和痛点。

一、疫情下外资依然逆势投资中国

疫情初期，一些海外媒体大肆宣扬，外资将大规模从中国撤离，西方世界将与中国脱钩，各种论调和传言四起。随着疫情在全球蔓延，尤其肆虐于欧美等发达国家，中国率先复工复产，外资逆势加速投资中国。

据商务部统计，今年4月中国实际使用外资为101.4亿美元，同比增长8.6%，折合为703.6亿元人民币，同比增长11.8%。值得一提的是，高技术产业成为吸收外资新热点。1—4月，电子商务服务、信息服务、专业技术服务同比分别增长73.8%、46.9%和99.6%，高技术产业实际使用外资也同比增长2.7%。尤其是，1—4月，东盟在中国实际投入外资金额同比增长了13%，"一带一路"沿线国家在中国实际投入外资金额同比增长7.9%。国内，一些发达地区引资逆势增长。如上海，一季度实际使用外资46.69亿美元，同比增长4.5%。其中，3月吸引外资18.72亿美元，同比增长20.8%；1月和3月，共签约外资项目129个、投资总额达239亿美元；一季度新增跨国公司地区总部10家、外资研发中心5家。又如苏州，一季度实际使用外资42.3亿美元，增长幅度高达163.3%，创下历史新高。新设外资项目236个，同比增长9.3%；新增注册外资54.9亿美元，同比增长68.3%。再如厦门，一季度实际使用外资59.67亿元，比上年同期增长30.1%，占全省总量53.0%；占比较上年同期提高6.6个百分点。在上海浦东，4月总投资额超过17亿美元的21个外资项目落地；在山东，预计总投资143.9亿美元的66个外资项目集中通过视频签约；在沈阳，宝马合资企业正酝酿30亿欧元的新厂区建设和产品升级投资计划。这些项目的先后落地显示，疫情并未改变外资企业对中国市场的信心，全球供应链也并未因疫情而逆转。总体看，疫情对供应链、产业链的影响是短暂和阶段性的，中国在全球供应链、产业链的重要地位不会因为疫情影响而改变。外资逆势投资中国原因何在？

首先，中国已成全球新冠肺炎疫情"安全岛"，且率先复工复产复市复商。在4月29日召开的中央政治局常委会会议上，习近平总书记宣布："湖北保卫战、武汉保卫战取得决定性成果，全国疫情防控阻击战取得重大战略成果。"这表明,中国正进入"后疫情时期"。4月30日,北京、天津和河北同时将疫情防控等级降为二级,5月2日,湖北疫情防控级别也由一级调整为二级。至此,全国所有省份均解除了一级应急响应。特别是,5月21—28日,全国"两会"在北京召开。虽然防疫工作将常态化,但中国政府的重心正转到恢复经济上。自2月10日复工复产以来,截至4月25日,全国大中型企业复工率已达98.5%,其中制造业复工率高达99.7%,且77.3%的企业复产率已达到正常水平的八成以上。关键是,复市复商正在紧锣密鼓推进中,全国企业销售收入在"五一"前的一周已达到94.8%。尤其是,高技术制造业的销售收入已经是去年的102.6%;居民电信服务、互联网服务、数字文化服务销售收入分别为去年的138%、116%和105%。

其次,中国的营商环境日臻完善,政策支持力度空前。事实上,外资在看重产业供应等硬环境外,更看重营商等软环境。在营商环境问题上,中国已经取得不小进步。根据世界银行《2019年营商环境报告》评估,中国总体得分为73.64,在全球190个经济体中的总体排名由上年的78位上升至第46位,进入营商环境先进国家行列。特别值得一提的是:中国是东亚及太平洋地区唯一进入2019世行营商环境报告十大最佳改革者名单的经济体。今年以来,党中央、国务院出台了一系列稳外资政策措施,各省市也出台了一系列吸引外资政策,不断补链、强链、扩链。如,苏州不断完善产业链、创新链、人才链、要素链、资源链、资金链,搭好平台,做好载体,优化环境,为资本打造适合其成长的产业生态链。2020年初,国家发改委表示,今年将继续推动负面清单修订,坚持"只做减法、不做加法"的原则,将进一步放宽外资准入,提升服务业、制造业、农业领域开放水平。疫情期间，国家发改委出台了11条稳外资举措，积极帮扶外资项目和外资企业复工复产，对不同阶段项目采取分类指导、精准帮扶，推动外资企业及产业链协同复工，强调所有援助企业的政策统一适用于外资企业，同时表示将全面落实外资准入负面清单管理制度。商务部也出台了应对疫情"稳外贸稳外资促消费"20条政策，表示将实施好《外商投资法》及配套条例，建立外商投资服务体系，健全外资企业投诉工作机制，做好招商、安商、稳商工作。各地也不断在优化营商环境上下功夫。如上海出台了稳外资24条，旨在提升投资便利化水平，强化外商投资保护。

第三，中国拥有完整的工业体系，独特的产业优势。中国是全球唯一拥有联合国产业分类中全部工业门类的国家。依托庞大的产业链和供应链系统，尤其是上下游相关配件、原材料，工程师群体和熟练工人群体等，使中国在全球产业链中具有独特优势。比中国便宜的没有中国技术好，比中国技术好的没有中国便宜。这是中国在全球产业链、供应链和价值链中的最大吸引力，也是中短期内无法撼动的"中国制造"的关键所在。经历40年来的改革开放，中国制造业正在从低附加值行业逐步升级至中高附加值产业，而且工业总产值占全球的30%，其中约70%满足内需，同时基于大市场、大基建、全产业链和人才红利等四大产业优势。这些都是内生优势，最根本的吸引力是大市场，尤其在新冠疫情肆虐下，中国依然是跨国企业最重要的市场之一。事实上，华尔街金融风暴以来，外资企业一直在调整对华投资策略。撤走的主要是：劳动密集型、环境污染型和资源密集型；中国本土竞争力上升，如家电、智能手机、工程机械、零售超市等；规避贸易战导致的高关税和高风险，等等。搬走的毕竟是少数，因为脱离中国后建立单独的产业链需要脱离大市场、提高成本，中短期内难度较大。

二、疫情加速美国供应链与中国脱钩

美国政府正抓住疫情机会，让美国产业链和供应链与中国脱钩。而新冠肺炎疫情也正迫使一些跨国公司改变商业模式，重新调整产业链和供应链，这使特朗普政府更有理由加速推进制造业回流，并加速推进整个美国经济的"去中国化"。疫情中，美国不少州医疗系统面临崩溃，深感医疗用品和药品的短缺，迫使美国政府更强烈地产生回迁医药产业和国家安全相关的产业的愿望。

然而，即使医药产业链迁出中国，要完全迁回美国的可能性仍然很低。事实上，美国的医药产业并未像美国认为的那样如此依靠中国。据美国食品药品监督管理局（FDA）统计数据，截至2019年8月，供应美国市场的应用程序接口（API）制造工厂中28%在美国，18%在印度，只有13%在中国。

问题是，全球产业链的调整主要依靠企业的自主性，企业更看重供应链的稳定性、安全性和弹性，而在这三点上中国都具有吸引力。关键是，由于药品作为特殊商品，生产商必须要在保证质量的同时节约成本，而中国制造在成本上的优势仍将长期存在。中国不仅在电力、煤炭和水费等方面成本较低，而且由于有完整的供应链，降低了原材料运输和交易成本。更重要的是，有关企业所在的当地政府补贴、相对宽松的环境法规和拥有大量受过良好教育的科学家和研究人员，这些都使中国制造的吸引力难以撼动。故此，即使美国为了国家安全，想将医药企业的产业链从中国搬走，但成本代价实在太大，且迄今尚无国家在技术和能力上能真正替代中国而承接所有的产业链和供应链，大概率是将其中部分逐渐迁移到印度、墨西哥等"可依赖网络"。

5月14日,特朗普在接受记者采访时声称,在美国境外生产商品的企业"有责任"将业务重新迁回美国本土。如果企业不这样做,不排除将对他们加征新税。事实上,在中国疫情暴发初期,美国政府就设想将美国供应链与中国脱钩。3月份,白宫、国家安全委员会、美国财政部和美国商会就如何鼓励美国公司将一些供应链移出中国,让它们离家更近为议题进行了广泛讨论。白宫官员认为,"疫情蔓延是一场完美的风暴,使人们对与中国做生意的所有担忧都具体化了"。最近,美国国防部、商务部、财政部和美国商会正在商讨制定一个"重组产业链"计划,筹备建立由"志同道合的国家、组织和企业"组成的"经济繁荣网络"和"值得依赖的伙伴"(澳大利亚、印度、日本、新西兰、韩国和越南)组成联盟,旨在说服美国公司脱离中国,转而与"网络"成员合作,以减少美国经济对中国的依赖。负责经济增长、能源和环境的副国务卿基思·克拉克对《外交政策》表示,美国必须理清复杂供应链中至关重要的关键领域和关键瓶颈,尤其是影响国家安全的关键弱点,包括数字业务、能源和基础设施、研究、贸易、教育和商业等所有领域的公司和公民社会团体都应遵循相同的标准。他认为,如果一家美国制造公司不能将工作从中国转移到美国,那么它至少可以将这些工作转移到另一个与美国更加友好的国家,如越南或印度等。而印度已经开始接触美国数千家企业,以诱人的优惠政策,吸引诸如医疗设备、食品加工、纺织品、皮革、汽车零部件等550多类产品的生产企业从中国迁往印度。

30年前美国企业来中国的考量主要是成本优势;近3年中,美国企业投资中国的考量主要是贸易战导致的风险;今天,美国企业投资中国的考量更多是供应安全。不可否认,美国政府的"经济繁荣网络"计划一旦实施，对中国制造业的危害和冲击不言而喻。

三、贸易战推进美国制造业回流

华尔街金融风暴后，奥巴马政府一直在推进制造业回流美国，即再工业化进程，但未取得明显效果。特朗普上台后发起对华贸易战，背后一个重要因素就是削弱"中国制造"，重组全球产业链和供应链，即"购买美国""雇用美国"，让制造业重归美国。为此，美国政府制订了三大目标战略，以此梯度推进。

一是回流优先战略。这是美国政府最早采取的让制造业回流的战略。美国希望通过给企业减税等优惠政策，诱逼美国企业撤出中国。然而，其早期执行效果欠佳，近年取得一些进展。因为，通过"301调查"，美对从中国进口的产品加征高关税，使一些美国企业不得不离开中国。据科尔尼咨询公司《美国制造业回归指数报告》统计，2019年美国从以中国为主的亚洲14个低成本经济体进口的制造业产品与美国本土生产的制造业产品规模之比下降了0.98%。这是自2011年以来的第一次下降，是金融危机以来降幅最大的，其中主要是美国从中国进口的制造业产品减少了17%，合900亿美元，使美国制造业回流指数达到前所未有的正98。然而，2019年美国从亚洲其他低成本经济体的制造业进口量增加了310亿美元，其中46%来自越南，并非美国企业从中国撤回的结果。

二是近岸外包战略。根据特朗普政府计划，如果回流优先目标难以实现，则将推进近岸外包，主要是通过签署《美墨加协议》，通过原产地规则，特别是汽车原产地规则的实施，使制造业贴近美国市场。2019年，美国从墨西哥进口的制造业产品与从亚洲低收入经济体进口之比由38%上升到42%，是金融危机以来最大涨幅。事实上，早在 2016 年，在墨西哥进行制造业务的美国公司中，一半以上是从中国等亚洲地区转移来的，专门服务于美国市场。美国对华贸易战以及美墨加协议的签署，加速了制造业流入墨西哥。由于美对华进口产品加征高关税，2017—2018 年，美国从墨西哥进口的指定商品（占墨对美出口的 87%）增长了 11%，为 2011 年以来最大增幅。2019 年，随着对华"301 调查"范围的扩大，美国从墨西哥进口的相关商品增长 4%，合 110 亿美元。综上所述，美国从中国进口商品在大幅下降。这说明，美国制造商已开始用墨西哥制造替代中国的部分进口商品，也就是说，特朗普政府的近岸外包目标取得了不小成果。

三是"中国多元化"战略。根据特朗普的计划，如果第二个目标进展仍不理想，则将推动第三个目标——"中国多元化"，即将部分价值链环节从中国挪到其他亚洲地区。这一目标实现得比较成功。科尔尼公司"中国进口多元化指数"中，追踪美国制造业进口从中国转向亚洲其他低成本经济体的情况表明，虽然中国仍是美国制成品的主要生产国，但中国进口的占比已连续 6 年下降。美国从中国进口的制造业产品占从亚洲其他经济体进口的比重，从美对华加征关税开始的 2018 年三季度的 66%，下降到 2019 年第四季度的 56%。毫无疑问，基于对成本考虑，减少从中国进口、增加从亚洲其他低成本经济体进口在美国对华贸易战之前已经持续数年，主要集中在技术含量和产业集群要求较低的行业。美国对华贸易战则加剧了这一趋势。今后，无论贸易战结果如何，无论共和党还是民主党执政，美国都会继续推进"中国多元化"战略，旨在降低进口成本，分散产业链和供应链风险。

总而言之，在贸易战背景下，上述制造业回流的三大目标战略都取得不同程度成果。因为，至今离开中国的美国企业 80% 是为了避免高关税。关键是，高关税已经遏制美国从中国的商品进口。另外，在今年底美国总统大选中,无论哪一政党——共和党还是民主党胜出,美国都会继续推进制造业回流,只是两党在推进中施用手段有所区别。加之,中国劳动力成本上升,高质量发展正在推进,一些劳动密集型产业或低端环节的生产自然会流向海外,尤其是东南亚和南亚地区,这一趋势将持续,为制造业回流美国提供时间窗口期。

四、后疫情时代全球供应链变迁趋势

后疫情时代,保障产业链的供应韧性将是非常重要的维度,供应链中的安全性将上升,产业链中科技含量将增加,生产将更加贴近消费。

(一)供应链区域化趋势强化。在新冠肺炎疫情、新技术革命、美国对华贸易战三重冲击下,全球产业链和供应链将加速调整,全球产业链将呈现"三足鼎立"的格局,最终形成北美、欧洲、亚洲三大板块。随着疫情在全球蔓延,美国、欧洲和亚洲三大产业链和供应链的区域化都在加快调整。未来,构建区域内闭环式完整的产业链和供应链体系的诉求愈发强烈。疫情加剧去国际性分工化,全球人口流动将因此放缓。结果,全球产业链与供应链复杂分工将收缩,中间品制造环节将大大缩短,对经济全球化与国际经济合作形成负面影响。加之美欧政治生态变化和民粹主义泛滥,全球产业链与供应链加速区域化,将成为疫情后国际经济关系调整的主要方向。

1、中国在亚洲产业链地位上升。长久以来,中国是全球产业链中的加工贸易中心,即处于全球产业分工中"微笑曲线"的下端,对美欧拥有大量贸易顺差,但对亚洲地区的中间贸易中却拥有大量逆差。金融危机后,中国加速整合亚洲供应链,成为最终产品生产和销售输出国,由此加速区域内价值链分工的深化。中国逐步向"微笑曲线"的两端价值链上游攀升，中下游产品生产线逐步迁移到东南亚和南亚地区。OECD认为，尽管中国是全球加工组装地，但伴随中国发展和科技进步，一些纺织品、低技术纤维等劳动密集型产业链正向柬埔寨、越南等国家转移。同时，中国也在向马来西亚、泰国、印度等具有工业产能和高科技最终产品出口能力的国家出口中低和中高技术的中间产品。尤其是，美国对华贸易战加快中外企业将上述劳动密集型的投资从中国转移到亚洲邻国，如越南、马来西亚、泰国、印度等。因此，以中国为中心的加工贸易产业链将加速向亚洲下游国家转移。疫情后，亚洲产业链区域内分工将进一步延长，中国的制造业将加快向"微笑曲线"的两端提升，技术含量将进一步上升。这有利于促进亚洲区域产业分工与经贸合作，促进区域内贸易增长，有助于中国和亚洲经济的高质量发展。

2、美国更强调北美供应链排他性。2018年11月，美国、墨西哥和加拿大签署的美墨加协议（USMCA）具有明显的排他性条款。一是原产地原则。新协定规定（五年过渡期内）每辆汽车零部件的北美原产地占比须从目前的62.5%逐步提高到75%，且要求汽车制造商至少70%的钢铁和铝原料须来自美国、墨西哥和加拿大，这将促使汽车供应链逐步转移到三国。同时，新协定在原产地规则中规定，乘用车高工资劳动占比（每小时工资16美元以上的工人生产）从2020年前的30%逐步增到2023年的40%。可见，该协定将提高加拿大和墨西哥汽车出口量，但有75%的"门槛"限制，很大程度上把中国、日本、欧盟汽车制造商排除在外。提高工资标准，可提升美加制造商竞争力，推动相关制造业回流至高工资的美加地区，也使其他国家更难在墨西哥廉价生产汽车等产品。北美地区甚至全球汽车价值链很大程度上将被颠覆性重塑。二是美墨间取消投资争端解决机制（ISDS）。

这意味着第三方投资者将无法利用这一机制提起仲裁。如果投资者来自美墨以外的第三方，而该方被美或墨认定为非市场经济体，那么此投资者不能成为申诉方提起投资仲裁。也就是说，如果中国在墨西哥拥有或控制的企业在美国投资，该企业不能作为申诉方对美方提起诉讼。企业赴美墨投资得不到保障，无形中增加投资风险和交易成本，新协定变相起到排他性作用。三是含有"毒丸"条款。USMCA 的第 32 章第 10 条规定：如果美加墨三方正在与非市场经济国家谈判自贸协定事宜，则缔约方不仅应在启动谈判前提前三个月通知其他缔约方，还应该尽早将缔约目标应尽可能告知其他缔约方；还需要在签署前至少 30 天将拟签署文本提交给各缔约方审阅，以评估该文本对美墨加贸易协定的影响；在与非市场经济国家签署自贸协定后的六个月内，允许其他缔约方终止美墨加贸易协定，并以缔约方的双边协定取代。该协定具有显著的排他性和歧视性，虽然可以密切美墨加三国经贸合作，但却通过协议条款的形式将其他国家排除，削弱了北美与亚洲、欧洲之间的价值链联系及合作。后疫情时代，美国政府会进一步强化上述条款的实施。尤其是，美国会更多利用墨西哥作为其安全供应链，部分并逐步替代亚洲特别是"中国制造"。

（二）制造业回流发达国家趋势将持续。一方面，伴随新一轮科技发展，全球供应链中间环节缩减，高科技制造业向发达国家本土回归。生产日益贴近和匹配需求。如，3D 打印技术和自动化的发展，使企业把制造过程更贴近消费市场，发达国家需求巨大，许多企业会把生产过程搬回本土。随着自动化技术的广泛应用，更多制造业将加速向发达国家回流。后疫情时代，这一进程将加快，无论是欧洲、北美，还是日本等，都会想方设法将影响其国家安全、民生必需，尤其是医药医疗等卫生产品，在本国、区域或"可依赖"伙伴内，建立起闭环式的生产线和供应链。美国、德国、日本等国政府已经着手，让企业将制造业搬回。可见，后疫情时代全球中间产品贸易将进一步减少，国内、区域、同盟间贸易和价值增值现象将增多。另一方面，疫情暴发后，发达国家普遍出台政策，鼓励本国制造业回流。尤其是，美国政府正在采取一些财政政策，鼓励并推进制造业回归美国，以增加制造业就业岗位，扭转产业"空心化"。在监管方面，特朗普提倡"小政府"理念，减轻不必要监管，提高效率，为企业松绑，改善营商环境。

（三）数字技术推进供应链加速变迁。后疫情时代，全球产业链和供应链变迁的关键因素将是新的科技革命和工业革命。这与过去数十年全球产业结构调整与供应链变迁有质的区别。随着数字化技术的发展，全球供应链系统正在变得更加复杂，但国际分工效率进一步提升，企业边界变得越来越不重要，许多企业不仅愿意进行传统的垂直分工合作，也希望通过信息共享、物流共担进行企业间横向的"水平"合作。从微观层面看，以先进机器人、人工智能、云计算、大数据等为基础的新一轮产业革命已然开启，企业商业模式日趋网络化和去中心化，全球扁平化的"分布式生产"将大行其道，企业组织形式逐步由大型公司转向平台化、分散化和普惠化。在技术带来的新业态模式下，制造业、服务业等产业边界、企业与市场边界日益模糊。企业与企业、企业与顾客、生产与需求之间日渐开放，共享与合作增多。从中观层面看，数字技术将带来人工智能、新能源、新材料、生物技术等新产业兴起，并对传统产业进行信息升级改造。全球价值链布局将展开深度调整。劳动力在生产中的地位大幅下降，并容易被机器替代，发达国家的劳动力成本劣势弱化以及消失，技术创新优势凸显。从宏观层面看，虚拟现实等现代技术，将打破现有国际经济合作模式，使得劳动力等生产要素和服务等无形产品在全球更自由地流动，劳动力的迁移与劳动人口迁移逐步分离。在网络应用迅速发展的条件下，发达国家可以雇佣其他国家的劳动力而不必引进其劳动力人口。由于制造业的数字化发展，生产可更贴近本国需求端，因此区域乃至国内贸易得到增强，但跨洲价值链或遭受损失，因为许多企业因科技进步节约大量成本，不必将中间贸易产业链置于遥远的地方。

（四）数字贸易促进国际贸易转型升级。疫情中，电子商务异军突起，后疫情时代数字贸易将加速国际贸易升级。随着全球经济日益网络化、数字化和智能化，不仅催生了数字贸易，同时引领全球商业革命，国际贸易无论在业态、流程，还是技术、体验上都将发生根本性变革。传统贸易体系正向以数字贸易为代表的新型贸易体系转型升级。数字贸易尤其电子商务迅猛发展，已经超越时空限制，对促进全球贸易便利化发挥着不可替代的作用，为世界贸易发展注入新动能，开辟新空间。首先，促进贸易形态转型。数字技术最重要的影响是，显著降低国际贸易成本，多方面影响全球贸易构成：服务贸易占比增加、即时敏感性货物贸易增多；比较优势模式改变、全球价值链调整。据WTO统计，目前全球服务贸易中一半以上已经实现数字化，超过12%的跨境货物贸易通过数字化平台实现。WTO认为，广泛应用数字技术正在改变服务贸易和货物贸易的构成，并将重新定义贸易中的知识产权。其次，拓展全球供应链。数字技术不仅有利于货物贸易发展，更能促进服务贸易便利化，推动服务贸易增长，同时催生新的服务业态，如物联网、人工智能、3D打印、区块链等正深刻改变着国际贸易模式、贸易主体和贸易对象。据WTO预测，全球服务贸易占比将由目前的21%增加到2030年的25%。第三，提升发展中国家份额。数字技术促进全球价值链拓展，将产业链和供应链延伸至发展中国家，区块链技术将促进中小企业开展国际贸易，3D 打印则将通过降低准入门槛推动制造业发展。据 WTO 预测，发展中国家在世界贸易中的比重将由 2015 年的 46% 增至 2030 年的 57%。第四，提升中小企业主导权。鉴于跨境电子商务门槛越来越低，使中小企业越来越多地活跃于跨境贸易业务，使外贸主导权开始从跨国公司变成很多优秀的中小企业。同时，通过对数字技术的应用，企业能够直接接触到市场和消费者，使企业生产从原来的标准化、规模化逐步转型为个性化、订制化，一批科技含量较高的中小企业由此崛起。

第二篇 世界格局的调整与重塑

此次疫情虽然是一个始料未及的变量,但并未从本质上改变世界格局的演进方向,而是加快了现有"百年未有之大变局"的变化速率。百年变局的两大特征——"东升西降"和全球化趋势并没有发生根本性改变。

张宇燕
中国社会科学院学部委员
中国社会科学院世界经济与政治研究所所长
研究员，博士生导师

疫情对世界格局冲击有限，百年大变局不会发生实质改变

大规模疫情伴随着人类历史的发展。每一次大规模疫情的暴发都会产生严重后果。此次新冠肺炎疫情的暴发及全球性蔓延将对世界格局产生巨大冲击与影响。

一、疫情对世界格局的冲击并非史无前例

（一）历史上的前例。人类历史上暴发大规模的疫情并产生严重后果并非史无前例，而是"史有前例"。由远及近来看，14世纪，席卷整个欧洲，被称为"黑死病"的大瘟疫，夺走了2500万欧洲人的性命，占当时欧洲总人口的三分之一；16世纪殖民主义时代，伴随西班牙和葡萄牙等欧洲殖民者而来的天花、麻疹、伤寒等疫病，使拉丁美洲损失了上百万人口，有估计认为95%的美洲原住民死于这些疫病；20世纪初的一战期间，"西班牙流感"可谓是一场空前的浩劫，所导致的死亡人数在5000万至1亿之间，超过了一战中由战争致死的人数。

（二）此次疫情事先有警告。此次疫情不仅事先有警告，而且给出警告的机构具有相当的权威性。由世界卫生组织和世界银行合作筹

备的全球备灾检测委员会（GPMB）于2019年7月发布过题为《全球处在危险中》的报告，明确指出目前存在暴发一场席卷全球、可能导致8000万人丧生的大规模流行病疫情的现实威胁。然而，虽有事前警告，但是世界各国在各个层面都缺乏持续的政治意愿去做预防准备。

流行病属于典型的"小概率大影响事件"。即便史有前例，即便警告声不绝于耳，事先要求人们做出牺牲严加防范也并不现实，因为世界上还存在着许多"大概率大影响事件"需要应对。仅就公共卫生健康而言，目前每年全球死于心脏疾病的人数就接近2000万；根据世界卫生组织2018年《全球道路安全现状报告》，近几年全球每年死于道路交通事故的人数就达135万。换言之，在资源有限、概率小且难测的情况下，将注意力集中在"大概率大影响事件"的防范与应对上，既应该是思维底线也有其合理成分。

二、此次疫情对世界经济和政治格局的影响

（一）疫情对世界经济的影响。此次新冠肺炎疫情无疑对全球造成了巨大冲击，其影响将是深远的。截至6月3日，全球新冠肺炎累计确诊病例超过640万例，累计死亡病例达到37.7万例，几乎已经找不到没有发现新冠病例的经济体了。世界多地停工、停学，"呆在家里""保持社交距离"成为各种声音中异议最少的共识。

尽管如此，对于此次疫情究竟会对世界经济造成多大冲击，仍是众说纷纭。普遍性的分析是将其与2008年全球金融危机和20世纪30年代的大萧条进行对比。国际货币基金组织最新发布的《全球经济展望报告》显示，2020年全球经济将出现3%的衰退，而2008年全球经济衰退率在负值到零之间，因此新冠肺炎疫情对全球经济冲击的严

重程度明显高于2008年的全球金融危机。然而，是否会比大萧条时期情况更加糟糕？目前还难以得出结论。1929—1933年的大萧条实际上一直延续到1937年，美国的失业率在1936年为17%，一年后大概降到14%，高失业率持续了7—8年，峰值曾达到过25%。

尽管历史不等于未来，根据经验进行的预测也有可能误差很大，但严肃的预测仍是我们思考未来的基本依据之一。历史告诉我们，尽管前面提到的几次超大规模疫情突如其来且汹涌澎湃，但持续时间都不是很长，两年左右便销声匿迹，因而对人类的损害虽然影响甚巨但基本都属于短期冲击。经过一段时间修复后人类的发展便会重回原有历史轨道。当然，即使同样是短期冲击，持续6个月和持续12—24个月的后果也是有着天壤之别的。就目前的形势而言，新冠肺炎疫情仍在发展变化当中，全球经济的衰退幅度及持续时间将在很大程度上取决于各国对疫情的应对措施。全球经济虽然在短期内面临巨大压力，但是如果各国采取措施及时得当，疫情造成的影响将在两年内趋于平缓。

如果以1929—1933年大萧条和2008年国际金融危机作为参照系，那么，此次疫情对世界经济带来的损失将超过2008年国际金融危机，但小于1929—1933年的大萧条。实际上大萧条并未截止于1933年，从高点一路下降的失业率，直到1936年仍然达到16%。

（二）疫情对世界格局的影响。如果我们把此次疫情假定为持续时间为两年左右的短期巨型冲击，那么，就世界格局问题而言，我们首先就需要思考：疫情对当下世界格局造成了什么样和多大程度的冲击？

第一，加快了现有"百年未有之大变局"的变化速率。变化中蕴含着不变，不变中孕育着变化。此次疫情虽然是一个始料未及的变量,但并未从本质上改变世界格局的演进方向,而是加快了现有"百年未有之大变局"的变化速率,主要表现为以特定方式在某些方面加速或延缓了在 2008 年国际金融危机后开启的历史进程。百年变局的两大特征——"东升西降"和全球化趋势并没有发生根本性改变。"东升西降"是指中国和西方国家实力对比发生的变化,尤其是中美之间,两个规模如此庞大的国家,其中一个综合实力迅速上升,另一个实力依旧超强但显露疲态。与此同时,在疫情的影响下全球化进入崎岖甚至险峻路段,出现逆全球化的可能性增大。

冷战结束标志着美苏两极结构让位于单极世界,标志着一个地域上较完整、规则上较统一的世界市场首次现身于人类历史。随之而来的全球化加速向深度和广度迈进,其间"一超多强"格局也逐渐定型。"9·11"事件作为冷战后历史进程的一个"巨扰动",在给既成世界格局冲开了一道裂痕的同时,也给风风火火的全球化投下了一道阴影。尽管如此,世界仍沿着冷战结束形成的历史惯性在原有轨道上继续前行。如果说"9·11"事件对冷战后世界进程的影响主要体现在迟缓全球化的速度上和转移霸权国关注的问题焦点上,那么 2008 年暴发的国际金融危机的影响则主要体现在大国实力对比和全球化转向上。2009—2019 年,世界上两个最大经济体之间的经济实力接近速度如此之快(从 35% 升至 66%),与其他强国之间差距拉大之明显(中国 GDP 占世界第三大经济体日本 GDP 的比重从 91% 升至 274%),在历史上恐怕绝无仅有,进而开始动摇"一超多强"格局。与全球化齐头并进的保护主义则将行进在平坦大道上的全球化带入到了崎岖路段。

如果以冷战结束、"9·11"事件和 2008 年国际金融危机作为参照系,那么,此次疫情对世界格局的影响程度,大体上介于以柏林墙倒塌为标志的冷战结束和"9·11"事件之间,即小于前者大于后者。

第二,世界产业链的"客观"断裂与"主观"断裂。此次疫情作用于现有历史进程的加速力或迟滞力,突出地体现在全球化进程中形成的世界产业链的"客观"断裂上。从冷战结束以后到2008年,全球逐渐形成了链条越来越长、分工越来越细的产业链,但是产业链的分布是不均衡的,也愈发呈现出脆弱性和不稳定性。在此次疫情冲击下,客观上出现全球产业链断裂的事实,表现为许多企业停工停产,大量订单被取消,物资、人员和服务等要素的跨国流动因控制病毒传播而停顿,不同经济体之间的贸易和投资受到不同程度影响。随着各国应对产业链危机的举措相继出台,本国、双边或区域等小范围"自力更生"局面便有可能逐渐形成,其惯性势必延续到疫情结束,乃至最终常态化。那些决心以更大规模和更高水平向世界开放的经济体,出于将产业链断裂风险最小化的考虑而采取的防范措施,在一定条件下也可能使产业链进一步走向"脱钩"。这种为了规避"脱钩"风险却又强化"脱钩"的事与愿违机理,可称之为"脱钩悖论"。

如果说"脱钩悖论"描述的是产业链"客观"断裂的现象,那么,相对于此,某些国家主观上采取的主动割断产业链的行为则更值得警惕,不妨把这种行为称为产业链的"主观"断裂。冷战结束后的20年全球化特征之一,在于分工和专业化生产在全球铺开并创造了巨额贸易收益。中国从中获益颇丰,成为全球产业链的主要基地,并从一个单纯的垂直分工参与者逐渐变为高科技的平行竞争者。美国对华政策自冷战后期以来奉行的是接触政策,其核心是将中国纳入由美国主导的国际体系,并通过让中国承担责任来改变中国,美国既要继续享受中国在全球价值链中提供的中低端产品好处,又要规避或阻止中国在高端科技尤其是数字高科技领域的赶超。这一策略可以简洁地用一个中文词加以概括:"规锁"(confine)。"规锁"的基本意思有两个:一是用一套新的国际规则来规范或限定中国在高科技领域的行为;二是借此把中国在全球价值链的位势予以锁定,使中美在科技层级上维持一个恒定且尽可能大的差距。中国成功控制住新型冠状病毒的传播,为最终战胜这一人类共同敌人做出了巨大贡献与牺牲。然而令国外部分人士担忧的是,中国抑制病毒传播初战告捷显示出中国在不远的将来实现"弯道超车"的可能性大增。鉴此,带有浓重民族主义和保护主义色彩的保证"产业链安全"呼声在其他主要经济体尤其是美国鹊起,并大有让"稳定"盖过"利润"的势头。原来美国国内主张通过建章立制把中国锁定在全球产业链中低端的势力,在产业链"客观"断裂的现实面前也已改变态度,开始在主观上推动本国产业链重新配置,甚至主张与中国实现产业链全面"脱钩"。这是中美关系在此次疫情中的一个显著变化。

在全球产业链"客观"断裂和"主观"断裂共同发挥作用的背景下,美国和中国正在开始形成两个"异质"的全球化动力之源。

三、疫情之后世界格局的四种可能情形

基于此次疫情是持续两年左右短期巨型冲击的粗略假定,思考世界格局的另外一个问题则是:未来世界格局因冲击的力度和形式而显露出的最可能的演化路径是什么?

(一)疫情之后世界格局演化的决定力量。疫情冲击下的各经济体内部情势演化,是影响未来世界格局走势的重要决定力量。2008年国际金融危机爆发后,美国等主要发达经济体为了挽经济大厦于将倾而施行非常规政策,在收到短期效果的同时为下一次危机埋下了种子。这便是表现为"三低三高"(即低增长、低利率、低通胀和高债务、高资产价格、高收入差距)的脆弱经济在疫情出现时一触即溃的基本原因。面对股市巨幅震荡,主要经济体尤其是美国采取了无底线的救市行动,并暂时稳定住了金融市场。然而,这种带有饮鸩止渴性质的做法非但没有解决以"三低三高"为表、以深层结构矛盾为里的痼疾,反而让现有包括经济风险和社会分裂等在内的痼疾得以延续和强化,从而让目前的危机成为未来大崩溃前的一次真实预演。对一些国家特别是那些中低收入脆弱国家而言,此次疫情可能对其基本民生带来摧毁性冲击,并可能产生社会失序、政府失能、边境失效的局面,甚至不排除生物病毒和社会动荡同时跨境传播的可能性,进而给日益脆弱的全球产业链以沉重一击。

(二)疫情之后世界格局可能出现的四种情形。透过产业链看未来,世界格局走势大体上有四种可能情形。

第一,丛林战争。疫情将现存多边或诸边抑或全球或区域体系冲垮击碎,世界各国以邻为壑,甚至进入丛林战争状态。世界各国各自为政,全球化全面倒退,呈现碎片化。霸权国家将更加肆无忌惮,强权即真理成为处理国际关系的基本准则,从旧秩序废墟中形成新秩序将持续数十年。所幸此种情景出现的概率极低。

第二,国际多边体系加快进入瓦解与重构过程,区域经济一体化合作机制加强,可能成为替代多边化和推动全球化的重要一极。由发达国家主导的全球化进程,其基础在于二战后美国精心策划并打造的国际体系。当前美国放弃使自身获益颇大的国际体系,推行单边主义和保护主义,深层原因在于美国认为,中国这样一个大国的崛起已经开始威胁到美国的全球主导地位。与此同时,全球问题不断恶化所凸显的全球治理赤字日益扩大,客观上为国际体系的重建提供了巨大需求。多边或全球体系全面坍塌或名存实亡,全球化借以前行的多边合作与区域合作两个轮子只剩下一个，以主要国家间博弈为特征的世界多极化呈现出区域集团化态势。区域主义本身同时也将进行重组，有些地区合作机制会得到加强，有些会被创立，有些则被改组，而且不排除有些将走向消亡。2019年《区域全面经济伙伴关系协定》（RCEP）15个成员国整体上结束谈判，标志着世界上成员结构最多元、发展潜力最大的区域合作机制取得重大突破，区域间紧密合作的趋势不断上升，有可能成为替代多边化和推动全球化的重要一极。

第三，平行体系的现实可能性上升。这一观点最早由基辛格提出，他认为以中国和金砖国家为代表的新兴经济体将从现有的世界经济体系中脱离出来，与以西方七国集团为主导的经济体系互相平行。随着主客观脱钩的趋势越来越明显，平行体系并存的现实可能性在上升。世界有可能出现两个（或三个）形态的平行体系，它们以产业链"脱钩"为标志，结果是肢解或淡化了多边体系，其划分标志多重，主要包括对体系规则的理解和执行、经济体社会政治经济制度，也涉及地域与文明背景等因素。如果按照经济实力、科技水平、人口规模和人力资本等指标衡量，平行体系又可进一步区分为平衡的平行体系和不平衡的平行体系，亦即各体系综合实力对比总体上旗鼓相当或强弱明显。

第四，全球化将得到进一步巩固，人类命运共同体的观念更加深入人心。新冠肺炎疫情作为全世界共同的敌人，特别是其带来的短期巨大冲击让人类开始警醒，深切感受到所有人都在同一条船上，早就结成一个命运共同体。我们应该做并且能够做的，就是携手并肩巩固、完善和创新现有全球多边体系，进一步巩固全球化的进程。

在疫情结束之后，历史将回归常态。情愿也好不情愿也罢，人类正站在历史的十字路口上。尽管疫情加剧了逆全球化的趋势，但做出选择的还是人类自己。主导国家间的博弈将在很大程度上决定人类的生存、发展与安全的程度与方向。尽管就目前态势看,构建人类命运共同体任重道远,但疫情已经昭示:除了同舟共济、并肩前进,人类没有其他选择。

唐永胜 国防大学国家安全学院副院长，教授
少将

新冠肺炎疫情将加快世界变局的历史进程

新冠肺炎疫情肆虐全球，构成了世界变局进程中的重大事变。新冠肺炎疫情既是世界变局灵敏的检测剂，也是世界变局高效的推进剂。疫情发展及结束后，全球政治将发生重大变化，涉及权力结构和大国关系调整、全球治理和国际秩序重塑、发展模式和安全理念更新等诸多方面。疫情带来的广泛而深刻的影响将进一步印证，今天的世界变局属于结构之变和性质之变，而不是简单的周期循环。国际体系已经进入超载状态，现有的秩序规范已难以为世界的和平与繁荣提供有效的和必要的保障，国际体系面临着深刻变革。新冠肺炎疫情作为一个不常出现或容易被忽视但却十分重要的变量参与其中，甚至直接冲击了现有的制度安排。世界变局已成，但其未来发展具有较强的不确定性，系统效应也将显现出来，疫情带来的全球性连锁反应凸显了世界局势的这种复杂性特征。

一、国际体系进入深度变迁的重要时期

新冠肺炎疫情发生在世界变局正在全面展开的特定历史时期，以其空前的渗透性、扩散性蔓延至世界的每一个角落，也是以极端的形

式推动着国际体系的变革。国际体系演变进程中诸如资本扩张、霸权主导、地缘竞争等原有逻辑仍然在发挥作用，但也受到不断增多的约束，同时一些原本不很显著或被忽视的因素也不断充实进来，其影响力越来越变得不可忽视，如科技的突破性进展、非国家角色增多、信息扩散带来的权力转移，以及包括新冠肺炎疫情在内的严重的全球性威胁问题的日趋凸显等，而正是这些逻辑和因素的综合作用深刻影响着世界历史进程，新冠肺炎疫情对世界经济政治的冲击超出了绝大多数人可以预料的范围。[1]

新的历史条件下，国际关系已演变得空前错综复杂，系统效应越来越突出表现出来，牵一发而动全身，原有的全球性、地区性的热点难点问题难以解决，新的威胁又不断出现。长期以来，美国霸权的护持主要依赖军事实力和金融实力，而发展至今，这两种手段的运用都受到日渐增多的制约，边际效应趋于减少，甚至在一些时候已经得不偿失。美国霸权的衰颓反映到世界范围，结果就是现有国际体系已经进入超载状态，即国际体系现有的秩序规范和制度安排已经不能满足各国更为广泛的对生存和发展的需求，也不能为广泛的安全和繁荣提供必要的条件。[2] 世界政治需要在探索中创新发展，国际关系民主化和秩序化应成为历史进化的方向。像过去那样只有少数国家占据绝对优势地位的情况越来越难以为继，而霸权主导也将被证明只属于世界历史进程中的特殊现象。

---

[1] 2019年慕尼黑安全会议主席沃尔夫冈·伊申格尔指出，"危机就在于旧世界正在死亡，而新世界无法诞生，在这个过渡期，各种各样的病态症状就会层出不穷"。http://news.sina.com.cn/o/2019-02-18/doc。

[2] 沃勒斯坦较早时候甚至就认为，从20世纪70年代初开始，国际体系已经开始转型，并以此预见美国的霸权将不可避免地走向衰落。参见 Immanuel Wallerstein, *The Decline of American Power: The U.S. in a Chaotic World*, New York: The New Press, 2003.

二、全球化需要注入新的动力

经济全球化遭遇挫折，其进程中脆弱性的一面在疫情中更是集中显现，许多国家自顾不暇，难以组织起高效的国际合作。① 在过去的全球化进程中，世界总体财富不断积累扩大，各国联系日益紧密成为一体，人类文明达到了历史最高水平。而伴随着全球化的巨大进展，经济全球化带来的负面效应也逐步积累并显露出来，国家之间、地区之间发展不平衡，全球治理滞后，全球增长动力不足等问题日益凸显，如今已到了难以为继的地步。曾在全球化进程中占据主导地位的自由资本主义经济增长方式触及天花板，源于"冷战胜利"而获得的红利已经失效，金融资本扩张逻辑难以持续，世界经济陷入普遍低迷。不仅是发展中国家，甚至包括主要的发达国家都感受到冲击和压力。美欧国家内部贫富鸿沟加深、社会撕裂严重，形形色色的保护主义、民粹主义、极端民族主义抬头，在疫情期间各种反全球化呼声更为高涨。

然而在根本上，全球化中的问题要靠进一步全球化才能得到解决。经济全球化是人类社会发展、生产力水平提高的必然途径，也是科技进步的客观结果，发展到今天已经取得了丰硕成果。世界不可能再退回到闭关自守的相互分割状态，用去全球化和逆全球化的办法不可能解决全球经济发展的根本问题，有国家采取以邻为壑的政策无疑是饮鸩止渴，出路只能在于国际社会更广泛的协作，针对经济增长和发展模式中的根本缺陷，找到有效的变革途径和解决问题的办法。这就需要各国加强协调，共同努力创新经济增长方式，为世界经济注入

---

① 英国皇家国际事务研究所的罗宾·尼布里特（Robin Niblett）甚至认为，"我们所知道的全球化已经终结"，https://foreignpolicy.com/2020/03/20/world-order-after-coronavirus-pandemic/.

新的持久动力。

三、权力扩散趋势进一步强化

全球力量格局显示出明显的多极化、多元化发展势头，权力趋于分散，国际格局进入加速调整和演变期。首先是以美国为首的主要发达国家出现明显颓势，实力趋于相对衰落，内部社会张力凸显，不论是控制能力和主导世界的意愿都在下降。2020年的《慕尼黑安全报告》的主题就是"西方的缺失"，强调"2019年我们所面临的安全挑战似乎与人们所说的西方衰败分不开，我们所知的西方不论从内部还是外部都充满了冲突和对抗。"[1] 二是一些非西方国家在几十年里保持了较快发展势头，一些新兴市场国家和发展中大国力量上升，正在打破几百年来一直由西方少数国家垄断世界的历史，引起国际权力结构发生重要调整。[2] 三是一些中小国家的发展虽然难有颠覆性的改观，但自主性不断增强，且掌握了更多的威慑手段，针对强权形成了一定的反制能力，也日益成为国际事务中不可忽视的力量。四是非国家行为体大量涌现，开始在国际事务中发挥重要作用，甚至形成了足以抗衡国家的能力。上述因素共同促成了几百年来霸权主导的国际体系出现结构松动，最终必将加快演变走向变革。

新的权力结构正在形成当中，影响世界的力量增多、角色增多、途径增多。在一个日趋多极和多元的世界里，任何强权都不再拥有足够资源和国际条件去决定其他国家和人民的命运，更逆转不了世界历

---

[1] https://securityconference.org/en/.
[2] 有学者也指出"不能盲目迷恋国际权力解构正在出现的'东升西降'的基本态势"，参见张蕴岭主编：《百年大变局：世界与中国》，北京：中共中央党校出版社，2019年版，第75页。

史的发展进程。国际社会需要努力形成开放包容的多元治理模式，①才能适应局势的变化，有效应对人类面临的日益复杂多样的威胁。

四、全球治理依赖更广泛国际共识

疫情折射出惊人的治理赤字，国际社会迫切需要推进和强化有效的全球治理，构建广泛参与、包容开放的多边制度体系及秩序。尽管世界乱象日趋显现，矛盾深化难题增多，国际社会对和平与发展的需求不仅没有减少，反而更加显著而迫切。历史教训揭示，依靠对外军事扩张、殖民掠夺，依靠战争来获取利益的方式应该为今日世界所淘汰，特别是在战略武器威慑高悬、全球性问题积聚增多、相互依存程度加深等诸多现实条件的限制下，依靠战争已经解决不了根本问题，也越来越不会有最后的赢家。而要解决"史无前例的全球危机需要前所未有的全球对策"。②

而发展对于世界任何国家来说都是生存和进步的重要基础，尤其在一段时期以来各国普遍遭受挫折的情况下，发展任务更加突出，发展难题更加棘手，世界各国人民期盼美好生活的愿望更加强烈。对此国际社会需要凝聚广泛共识，积极推进全球治理进程，逐步在根本上找到化解矛盾纠纷、消弭战乱冲突的途径办法，以便更好地整合全球资源、聚焦发展难题，从而实现可持续发展和可持续安全。可以认为，各种跨国性问题的不断出现，无疑对国际社会的治理能力提出了

---

① 秦亚青曾提出多元治理模式，包括三个基本的秩序理念：多元主义、伙伴关系和实践参与。参见秦亚青：《全球治理：多元世界的秩序重建》，北京：世界知识出版社，2019年版，第123-127页。

② https://www.imf.org/zh/News//Articles/2020/04/20/blog-md-a-global-crisis-like-no-other-needs-a-global-response-like-no-other.

强劲挑战。推动全球治理的改革和创新，实现制度供给与现实需求达成有益平衡，应该是大国之间具有潜力的合作领域。

五、围绕国际制度安排将展开激烈博弈

疫情加速国际秩序的重塑，几乎所有国家都需要在变局中重新确立自己的定位，围绕国际规则及制度安排的博弈也必然趋于激烈。由西方主导的国际秩序越来越难以为全球提供公共、安全的有效供给和繁荣稳定的增长空间。过去由西方几个国家凑在一起就能决定世界大事的时代已一去不复返。世界秩序转换不可能像以往曾反复发生过的那样，通过战争方式在短时期内迅速完成，而是要经历新旧因素并存，同时旧秩序影响逐步消解、新秩序逐步重构的一个较长过程。

在此期间，随着国际力量结构发生变化，各国的地位在变、角色在变、影响也在变，旧有的霸权逻辑、强权手段不会自动退出历史舞台，而有关构建新秩序的主张仍未得到充分确认和适用，新旧秩序交织、多种规则并存、双重标准盛行在未来一定时期仍可能是一种常态，世界面临更多的不确定性。也正因如此，一些国家的战略忧虑将趋于增加，这也就是布热津斯基曾指出的"动荡时代的战略不安全感"，由此大国权力及利益再分配的斗争将变得十分激烈，其中围绕国际规则及制度安排的博弈将成为重中之重。而新的国际秩序只有具备更大的包容性和必备的公正性，才能引导国际关系朝着可持续和可预期方向发展。目前出现的反全球化和逆全球化思潮和政策，恰恰说明国际社会需要对现有制度不合理、不充分的内容进行更为有效的改革。

六、大国关系须超越冲突对抗的历史老路

应对类似新冠肺炎疫情这种人类共同面临的重大危机，没有国家

之间尤其是大国之间的合作是不可想象的。在国际社会面对的共同威胁面前，大国毕竟要担当起应尽的责任，一些政客的短视带来的阻碍经受不了历史的检验。大国关系的性质毕竟已经发生重大改变，历史将证明非合作即对抗的零和博弈越来越不合时宜，过于强调本国优先既贻害世界也会伤及自身，竞争不掩合作、合作中充满竞争将在全球治理中更多显现出来。大国之间逐渐超越单纯权力争夺和冲突对抗的历史老路，国家间关系已经不再是简单的零和，而是非零和，具有两重性和复杂性。谋求国家生存与发展需要综合运用战略途径和手段，不能一味地强调矛盾和冲突，还必须谋求合作和协调，并以合作协调来制约矛盾冲突。竞争与合作错综交织已经成为大国关系的基本特征及限制条件。

要实现国家利益，就要跟上时代的发展步伐，就不能身体已进入21世纪，而大脑还停留在旧时代，停留在殖民主义和地缘争夺的框架里，停留在冷战思维、零和博弈的束缚之中。在新的历史条件下，任何大国单打独斗都行不通，迷信武力也会适得其反，那种以邻为壑、转嫁危机、损人利己的做法难以持久，人类比以往任何时候都更迫切也有条件构建合作共赢的大国关系。当然，更广泛的大国协调不可能简单到来，过程中甚至还会出现波折，但即使是中美关系也并非只有一条通向冲突的独木桥，中美关系的未来取决于双方的互动及其进程，而不能简单地归于某种宿命。而面对来势汹汹的全球性危机，除了加强合作实际上没有其他选项。

七、国家治理体系改革创新成为国际竞争的制高点

疫情检验着每个国家的治理能力。面对世界变局，如何推进国家治理体系创新，已成为大国竞争的核心。在世界变局过程中，各国普

遍遭遇困顿与迷茫，发展模式和治理体系的改革与创新已经成为大国竞争的核心，而国家治理能力的提升必将为全球治理的变革和创新提供必要的基础和动力。其中，如何处理好中心化与去中心化、共同认知与自主协调之间的关系，对于各国都是重大的命题。谁能在发展道路、发展模式和治理体系上取得突破和领先，谁就能在未来的国际竞争中占据主动地位。

经受如此重大疫情冲击，国家治理的改革与进步具备了更强劲动力，也具备了更为有利条件，科学技术的快速发展也会助力治理能力的提升，如区块链技术的影响不仅局限在生产力层面，其更大的作用在于将对生产关系带来重大冲击，为变革治理模式创造可借用途径。面对世界经济长期低迷的态势，各国尤其是主要国家如能适应形势的变化，不断提升国家治理能力、不断推进制度创新，为发展提供源源不竭的动力，既可以服务和惠及本国人民，也将为世界发展提供必要的动力和支持，进而实现国家之间的共同进步，谋求更广泛的可持续安全，带动和引领全球治理的发展方向。

八、创新国家安全道路实现中国的长治久安

中国能够经受疫情的冲击，努力将其转化为完善和发展自身的调整推力，也在为拓展国际影响积极提供更多的公共产品。世界局势的深刻变化，既带来严峻挑战但更构成新的机遇；中国越是接近国际舞台中心，也越接近国际竞争中心。与以往相比，战略机遇的内涵和外延均有极大拓展，表现出更明显的多面性、转换性和可塑性。这些变化既提供更广阔的战略空间和回旋余地，也对国家战略筹划提出更高要求，其中尤其需要创新国家发展和安全理念，探索适合时代要求的国家安全道路，才能实现国家的长治久安，进而为全球战略稳定和可持续发展与安全提供动力。中国要在大国博弈中立于不败之地，其中最关键的工作还是在于敏锐洞察世界变局的可能走势，在进取、守度与周旋之间寻求必要平衡，推进与世界更加积极的战略互动，以更广泛的国际合作对冲和化解来自美国的战略挤压和外部的惯性反制，牵引大国关系尤其是中美关系的发展方向，因势利导不断拓展战略主动。

在疫情应对中，美国显示出明显的颓势，其霸权信誉受到动摇，欧洲国家的发展模式也受到了冲击。在国家治理中，如何处理好中心化与去中心化、共同认知与自主协调之间的关系，对于各国都是重大的命题。美国不会自动接受衰落的命运，甚至越是在颓势中，其反扑的力量也会越大。金融资本贪婪的本性不会改变，中国是美国金融资本极力想攻克的最重要目标，中美之间的矛盾还可能更深刻表现出来。中国需要超前布局、应对有据，要切实提升有效慑止敌对势力冒险和讹诈的战略能力，并在较短时期里进一步拓展这种能力，其中也包括生物安全防御能力。

作为世界变局的一个不可或缺的重要变量、紧密的利益攸关方和国际地位不断上升的大国，中国有必要更深入参与到全球治理和地区合作之中，在促进和维护世界和平与发展的同时，也为民族复兴营造良好的外部环境。这也同时意味着需要提供更多的国际公共产品，承担更多的国际责任和义务，以及更多介入国际事务，甚至包括一些地区的争端和冲突，由此面临的风险挑战也会上升。在美国等一些西方国家纷纷转向保护主义、孤立主义的背景下，中国还应主动顺应世界发展潮流，大力倡导、坚定支持经济全球化和自由贸易，中国的一些主张也会得到越来越多的理解和赞同。从较长时段看，时和势毕竟在中国一边，任何力量都阻挡不了14亿中国人民的发展和进步。中华民族伟大复兴本身就构成世界变局的重要组成部分，日益强大且与时俱进的中国是维护国际安全和促进世界繁荣不可或缺的重要力量，而迅速变化的世界也需要中国作出更多的创新和贡献。

孟祥青　国防大学国家安全学院教授　技术少将

从五个维度看新冠肺炎疫情对世界格局和秩序的深刻影响

新冠肺炎疫情在全球暴发以来，传播速度之快，感染范围之广，防控难度之大是第二次世界大战结束后从未有过的，也是上千年来人类与病毒抗争史上十分罕见的。有人说，这是一场战争，是第三次世界大战，只是没有硝烟、没有枪炮。严格意义上讲，这是在非传统安全领域人类与病毒的一场世界大战。这场战争将持续多久？其给世界经济、政治、安全带来的后果如何？将给世界格局和秩序带来怎样的影响？目前众说纷纭、莫衷一是。但从形势的发展来看，这场人类与病毒的战争，其惨烈和残酷的程度不亚于两次世界大战，甚至在范围上比两次世界大战更广，被卷入的国家要多得多。

讨论疫情的世界性影响，离不开一些重要的前提和条件，主要有三个方面：

一是这次疫情可能持续的时间和严重程度。这应该是最重要的条件。即这场疫情持续的时间越长、越严重，其对世界经济、政治、安全的影响就越大，反之影响就是有限的。疫情持续的时间和严重程度又取决于疫苗和药物的研发速度，以及新冠病毒的溯源和变异情况。而恰恰在这一关键问题上，医学专家们看法不一，至少还没有明确的定论。因此，当前国际关系学界任何有关疫情对世界影响的判断都还只是建立在某种假设基础之上，不一定就是科学的结论，需要时间来检验。

二是对人类与病毒抗争历史的深入考察。尽管今天的国际社会与过去相比已有本质的变化，科技进步更是日新月异，但新冠肺炎疫情的全球蔓延表明，人类与病毒的斗争永无止境，某种意义上讲，人类从来没有真正战胜过病毒。历史是一面镜子，温故而知新，对历史的考察是我们今天分析判断新冠肺炎疫情可能对世界造成何种影响的重要依据之一。

人类与病毒抗争了上千年。历史上，大的疫病对一个国家和世界的影响确实很大。中国东汉末年曾暴发过十室九空的严重瘟疫，导致人口锐减，三国时期出现了不到百人就可占据一座城的景象。著名的赤壁之战，曹操失败据认为也和瘟疫造成士兵严重减员有关，从而导致三国的局面。在世界历史上，有人提出，天花是导致玛雅文明消失的重要原因；霍乱、鼠疫曾经让罗马帝国衰败；瘟疫曾打击了欧洲强大的宗教势力，从而诞生了启蒙运动。近100多年，最大的疫病就是源于美国的所谓"西班牙大流感"，它始于1918年3月，经历三次大暴发阶段，到1920年初结束，造成全球约5亿人感染，占世界17亿人口的约三分之一，死亡4000万左右。这场大流感导致一些国家人口大量减少，死亡数量比一战战死的人还要多，各国军工生产由此受到影响，战争不得不停止。一些历史学家认为，这场疫情影响了第一次世界大战的历史进程。有学者甚至认为，历史上的大流行病曾经改变了人类历史的发展方向。但也有学者不同意这种看法，认为大流行病将加速或迟滞历史发展，而不是重塑历史，可以说是见仁见智。

三是基于对现实背景的分析。新冠肺炎疫情是人类正在经历的一场巨大危机，但与历史上历次疫情的时代背景不同。我们所处的是一个全球化与和平发展的时代。如果借用19世纪英国著名文学家狄更斯的话说，"这是最好的时代，也是最坏的时代"。全球化与和平发展，给人类带来巨大的红利，也带来巨大的风险。最大的风险就是人类自身的脆弱性更强。"你中有我，我中有你"是常态，其直接的结果就是"一荣俱荣，一损俱损"，没有人能够置身其外，也没有国家可以独善其身。一国发生的重大危机可能导致地区乃至全球危机，而当前已经蔓延全球的疫情，其冲击和影响肯定会更大。从这个意义上讲，科技发达的今天以及全球化的时代，人类承受打击的能力不是更强而是更弱了。

从以上三个前提条件出发，目前看，判断这场疫情是否改变世界或是怎样改变世界都还为时过早。因为直到当前，人们对新冠病毒的了解仍然不多。这场疫情持续的时间、后果都还无法确定，真正的长远影响也难以做出科学准确的判断。轻易地得出某种结论，很可能使人类陷入自设预言的实现当中。

鉴于以上三个前提，以下主要从五个维度分析疫情可能造成的影响。

一、从疫情持续的时间看影响

假设新冠肺炎疫情与人类长期伴随，并且病毒不断变异，疫苗的保护作用有限，有效药物迟迟研制不出来，那么，这次疫情将带来巨大的灾难性后果，从而根本性改变世界，改变历史。当然，这种可能性到底有多大？恐怕单靠研究国际关系的学者无法回答，而首先有赖于科学家们的努力和判断。

二、从疫情目前已知的状况看影响

一是这次疫情对主要经济体的打击确实很大，世界经济衰退恐怕已成定局。但严重程度难以预测，是否堪比20世纪20年代末30年代初的世界经济大萧条？现在得出结论还为时过早，很大程度上取决于主要国家的抗疫效果与国际合作。

二是经济全球化不是遭遇挫折，而是严重倒退，这已成定局。这些年来，逆全球化已经成为国际社会的普遍现象，但有人说疫情是压垮经济全球化的最后一根稻草，这个结论是否正确？全球化因疫情而寿终正寝了吗？目前看恐怕还不能这么说。当然，全球化的倒退期到底多长？可能比我们预想的要长一些，如倒退10年甚至20年的可能性都不能排除。但历史终将证明，人类只有走全球化道路，才能共享繁荣。当然，传统意义的全球化恐怕难以为继，新的全球化将应运而生，但新旧全球化的交替需要长期的过程。

三是美国一些政客执意将中美关系推向对抗，导致两国关系进一步恶化。中美关系对世界格局的影响不亚于当今世界任何大国之间的关系，而且这个影响随着疫情发展可能会日益增大，它不以人们的主观意志为转移。这次全球疫情带来的后果之一，就是中美关系遭遇到40年来从未有过的重大冲击。让很多学者没有想到的是，在新冠病毒成为人类最大威胁的背景下，中美两国不仅没能像过去那样携手应对，反而渐行渐远，关系不断恶化。究其根源，美国政府中的一些政客不负责任的灾难式表演，花样百出的各种"甩锅"，以及鼓动其盟友和国际社会污名化中国并持续施压的做法，使中美关系不仅回不到过去，而且一定时期内也难有改善的未来。以疫情为标志，中美全面对抗的风险急剧上升。

三、从疫情结束后的可能趋势看影响

有几个趋势值得深入研究和高度关注：

一是美国是否真的会衰落？挪威政治学者、国际公认的"和平学之父"约翰·加尔通在1980年曾预言，柏林墙将在10年内倒塌，紧接着苏联帝国将崩溃，当时几乎没有人相信。2009年他出版了《美帝国的崩溃》一书，再度预言美帝国2020年崩溃。作者以1980年预测苏联帝国崩溃的理论为基础，深入考察了当时美帝国衰退和没落的原因、过程、方式、时间和地点，谨慎分析了未来的世界格局，并对历史上西罗马帝国的兴衰与西方帝国主义进行了比较研究，他认为，美国当下正面临15大矛盾，对其言听计从的国家变得比过去少了，竞争更加激烈，因此，美帝国作为超级大国的日子屈指可数。该书的最大亮点不仅在于对美帝国即将崩溃的惊世预言，更在于预言背后的严谨分析。现在，历史脚步迈进了2020年。冷战结束后，美国迎来了有史以来最富活力的经济扩张期，成为世界上唯一超级大国。美国著名的《外交》杂志曾以《新的罗马帝国》为题，宣称美国正在回归"古罗马帝国"。然而，新冠肺炎疫情至今已使188万美国人感染，超过10万人死亡（截至2020年6月3日），且疫情仍有蔓延之势；美国股市经历4次熔断，结束长达10多年的牛市；美失业率高达15%，且还在不断攀升，美经济遭受重创。2020年真的是美国崩溃之年吗？虽然目前还难以肯定，但美国走向衰落是大势所趋，2020年作为美国走向衰落的标志之年一定会载入史册。

二是世界格局是否真的会重塑？疫情不仅使世界经济遭受沉重打击，国际力量对比也将发生新的变化，百年未有之大变局进入加速期。世界主要大国在疫情中的国内和国际表现、应对疫情的能力，以及疫后经济恢复的效果将直接决定其新的国际地位，由此带动地区和世界地缘经济、地缘政治以及国际安全格局发生新的变化。世界秩序和格局是否将由西方引领正式转向东方带动？这主要取决于疫后国际力量对比发生的新变化。但不管怎样，疫情一定是百年大变局的催化剂和标志性事件。"一超"主导的世界将被彻底打破，多元竞争将是常态。2020年很可能是新格局、新秩序的起点。

三是全球治理体系是否真的会改革或重建？近年来，面对全球安全威胁多元化、不确定性增多的新形势，全球治理能力渐显不足，原有的全球治理体系难以适应新的变化，有的不断被弱化和边缘化，改革和构建新全球治理体系、提升全球治理能力的呼声日益高涨。但总体来看，雷声大、雨点小，收效甚微。究其根源，保护主义、单边主义、民族主义、民粹主义是最大阻力，"美国优先""美国第一"是最大障碍。新冠肺炎疫情的发生，更暴露出全球治理体系存在的一些突出矛盾和问题，急需改革甚至重建。疫后围绕这一问题的国际斗争将会十分激烈，改革和重建迫在眉睫，但任重而道远，这一斗争将是长期和复杂的。

四、从疫情可能带来的次生灾害看影响

在关注疫情本身的影响以外，还要关注次生灾害对世界的影响。这次疫情造成了各国在社会制度、意识形态、发展模式、价值理念、种族、文化、宗教等方面一系列严重的对立和冲突，这是短期内难以弥合的，将长期损害国家之间的信任关系，严重制约国家之间的制度性合作。冷战结束后，尤其是进入21世纪以来，在非传统安全领域，世界每发生重大危机事件，各主要国家多数都能摒弃成见，搁置矛盾和分歧，共同联手应对。1998年亚洲金融危机、2001年"9·11"事件、2008年国际金融危机、2014年抗击埃博拉病毒等都是如此，国际合作空前加强。但这次却出乎很多人意料，疫情使世界更加分裂而不是更加团结，国家间的冲突进一步增多而不是进一步减少。从这个意义上讲，疫情暴露出我们这个时代最大的威胁恐怕就是人类自己。疫情后的世界，不确定性更多、更大。但有一点可以确定，即世界面临的风险剧增，这个风险不仅是非传统安全领域的，也包括传统的军事风险即战争风险，不仅是国家之间和地区的冲突，也包括一些国家国内的政治动荡和社会动乱。疫后的次生灾害很可能是这次疫情带来的长远且深刻的影响之一，如果各国不能加强合作，携手应对，将使世界局势雪上加霜。

五、从中国与世界的关系变化看影响

这次疫情对中国与世界的关系影响深刻且复杂，目前呈现出来的可能只是一些表象，更深刻的影响会随着时间的推移而不断显现。

一是疫情的蔓延使人类命运共同体理念更加深入人心，中国事实上处于人类命运共同体建设的旗手位置。2013年，习近平主席首次提出构建人类命运共同体倡议，引起国际社会广泛关注。时隔7年，当新冠肺炎疫情在世界蔓延、越来越多的国家进入"至暗时刻"时，更凸显出人类命运共同体理念所具有的远见卓识和思想价值。构建人类命运共同体不是一句宣传口号，也不仅仅是对外高举的外交大旗，而是实实在在的实践活动，是中国7年来始终坚持不懈的身体力行。在新冠肺炎疫情全球肆虐的今天，构建人类命运共同体显得尤为重要和紧迫。中国作为倡议者和主要推动者，肩负着重大使命，也将由此赢得世界多数国家尤其是发展中国家的广泛理解、支持和尊重，中国的国际地位将获得新的跃升。

二是中国的抗疫成功凸显中国特色社会主义制度的优越性以及中国政府较强的治理能力，客观上有利于扩大中国的国际影响力。各国的文化、社会制度和体制不同，抗疫政策和举措不可能千篇一律，也

不可做简单类比。但是，从抗疫效果看，中国最早遏制疫情的蔓延，客观上成为世界抗疫的大后方和坚强后盾，并力所能及地给予其他国家多种援助，对世界作出的贡献有目共睹。这一成功的背后反映出的中国制度和体制优势也是任何人否定不了的事实。无论中国是否宣传，它就在这里，对世界的正面影响和积极影响就在这里。那些把中国模式的成功看作是威胁的人，只能说是小人之心，小肚鸡肠，别有用心。随着疫后中国经济的恢复和全球产业链的重建，中国的影响力会进一步提升，这一点毋庸置疑。

三是中国面临的外部环境更加错综复杂，风险更大，挑战更多。目前，随着疫情的继续蔓延，美国等一些国家的政客掀起新一轮反华浪潮，围绕病毒起源、国际责任的政治斗争日趋激烈，所谓中国"起源论"、中国"负责论"、中国"赔偿论"、中国"威胁论"甚嚣尘上，将疫情"政治化"，把病毒"标签化"，对中国"污名化"的趋势也像病毒一样不断扩散，甚至叫嚣"与中国脱钩""去中国化"等等。这一现象的出现不是偶然的，这是多年来遏制中国崛起、打压中国国际地位和影响力的一次总暴发和总动员。随着美国 11 月大选的临近，美国国内政治斗争日趋白热化，围绕中国议题的炒作会变本加厉，这将会继续毒化世界舆论氛围，而且有长期化的发展趋势。对此，我们需要做好相应准备。

总之，疫情过后，中国与世界的关系将更加复杂，世界经济、政治、安全形势中的不稳定和不确定因素会更多，中国面临的风险和挑战会更大。对此，我们"要坚持底线思维，做好较长时间应对外部环境变化的思想准备和工作准备"[1]。

---

[1] 习近平总书记在 2020 年 4 月 8 号中央政治局常委会上的讲话。

| 周琪 | 同济大学全球治理与发展研究院院长
中国社会科学院美国研究所研究员 |

新冠肺炎疫情后再审视全球化下的中美关系

一个普遍的预测是，在全球性新冠肺炎疫情基本结束之后，世界将变得与之前大不相同。这看来将是确定无疑的。实际上，在此次疫情之前，世界已经在发生一些显著的变化。有迹象表明，那些引起变化的因素在疫情之后将会进一步放大，从而使一个自美国总统特朗普上任后国际上一直在关注的问题——全球化将走向何处，成为一个突出的关注点。今后全球化将会有怎样的命运？曾极大受益于全球化的中国将处于一个什么样的国际发展环境？在这样一个环境下中美关系将发生怎样的变化？这些将是我们必须面对的重要问题。

一、全球化过程中获益最大的是发展中国家

在过去的约30年，人们公认全球化是一个世界发展的主线和趋势。全球化被认为是一个客观过程，表现为在全球层面上信息、金融、经济、贸易与交换，以及全球经济、政治和文化融合与统一的过

程。① 全球化会给生活在世界各地的人们带来怎样的影响？美国诺贝尔奖获得者、经济学家约瑟夫·斯蒂格利茨（Joseph Stiglitz）在对全球化所做的最初评估中，把重点放在全球化对全球经济造成的破坏上，他曾认为世界上最不富裕的国家是全球化的主要受害者，这些发展中国家的人口占世界人口的85%，但他们的收入却仅占世界总收入的39%。受害最大的是撒哈拉沙漠以南的非洲国家，其人均收入仅为美国的2.5%。这些国家在全球化面前别无选择，要么参与其中，成为全球化体系的一部分，要么被排除在外，成为全球化体系的弃儿。②

自冷战结束以来，全球经济发生了很大的变化。1989年不仅是东欧剧变的一年，也是日本遭受其历史上规模最大的金融危机和苏联经济严重衰退的一年。美国心目中的两个经济强国在经济上都不再能成为美国的竞争对手，而美国作为全球最富有超级大国的地位似乎变得不可动摇。到1992年，美国的GDP占世界的26%，并控制着大约一半的有效专利，它完全不必担心其他国家的竞争，因而它以推进全球化的姿态来处理国际经济问题。根据一位著名的俄罗斯经济学家的看法，认为美国在1994年帮助墨西哥走出债务危机，避免在1997—1998年亚洲金融危机后对亚洲廉价进口商品实行任何限制，2000年在克林顿政府期间欢迎中国加入WTO，并允许中国以发展中国家的身

---

① Sadykova Raikhana, Myrzabekov Moldakhmetb, Myrzabekova Ryskeldyc, Moldakhmetkyzy Aluad, "The Interaction of Globalization and Culture in the Modern World," https://www.researchgate.net/publication/274017385_The_Interaction_of_Globalization_and_Culture_in_the_Modern_World.

② Paul Hockenos, "Globalization and its Discontents Revisited," Feb. 5, 2018, https://www.ips-journal.eu/book-reviews/article/show/globalization-and-its-discontents-revisited-2708/; Joseph E. Stiglitz, *Globalization and Its Discontents* (New York: W. W. Norton & Company, 2002).

份加入其中。①

  事实上，全球化以一个斯蒂格利茨最初的关注点完全不同的特点在发展，即它促进了发展中国家经济的快速增长。1991年至2015年，全球有超过10亿人口摆脱了贫困，其中亚洲人口占了75%。② 2009年，中国成为全球最大的商品出口国；2010年，中国GDP超过日本成为全球位于美国之后的第二大经济体，并成为最大的工业生产国；2014年，中国按购买力平价（PPP）衡量的GDP（以2011年不变价国际元计算）超过美国，跃居世界第一。从这些数据来看，可以说，亚洲，特别是中国，是全球化及体现全球化的国际经济体系的最大受益者。美国没有忽略亚洲经济的快速增长，在自2001年开始的10年反恐战争的后期，美国已经意识到全球的政治、经济中心正在向亚太地区转移，亚太地区是全球经济最具活力的地区，因而从2010年起，美国开始把其全球战略的重心转到亚太地区，其经济方面的意图就是

---

 ① Vladislav Inozemtsev, "Fukuyama's Post-Historical Model Got Politics Wrong and Economics Right," June 21, 2019, https：//nationalinterest.org/feature/fukuyamas-post-historical-model-got-politics-wrong-and-economics-right-63617.

 ② 全球化是增加还是减少贫困人口？这一直是一个争论不休且没有定论的问题。2003年马丁·拉瓦雷（Martin Ravallion）在其被广泛引用的一篇文章中指出，由于缺乏数据和模糊不清等问题，在全球化对贫穷和不平等造成的影响上存在争议。[参见Martin Ravallion, "The Debate on Globalization, Poverty, and Inequality: Why Measurement Matters," April 21, 2003, *International Affairs*, Vol. 79, No. 4（July 2003），pp. 739-753]，认为存在争议的代表作是2015年法国著名经济学家弗朗索瓦·布吉尼翁（François Bourguignon）的著作《不平等的全球化》[François Bourguignon, *The Globalization of Inequality*, translated by Thomas Scott-Railton（Princeton: Princeton University Press, 2015）]。作者认为在全球化的世界中，要把导致国内或国际不平等的因素区分开来变得更加困难，他借助各种资料来源审视了每一种趋势，并研究了这些不平等是如何相互平衡或相互加强的。但最近的相关文章和研究都采用了科学化的量化测量方法，例如一个研究团队从世界治理指标中提取治理指标，运用因子分析法构建总体指标，建立了9个数学模型，并采用最小二乘法进行估算，结果证实所有治理指标都对减贫有利，全球化、竞争力和发展支出也有助于减贫。可见M. S. Hassan, S. Bukhari & N. Arshed, "Competitiveness, Governance and Globalization: What Matters for Poverty Alleviation?" *Environment, Development and Sustainability*, 2019, pp. 1-28, https：//doi.org/10.1007/s10668-019-00355-y.

参与亚太地区经济的快速发展。①

然而,也正是在这一全球化的过程中,美国的相对实力开始下降。到2018年,按购买力平价衡量,美国在全球生产总值中所占比例下降到15.1%,其贸易逆差从1991年的310亿美元增加到2015年的6220亿美元。亚洲国家总体来说成为最大的外汇储备持有方(中国大陆与港台地区、韩国、马来西亚以及泰国合计拥有超过4.65万亿美元的外汇储备),而美国成为世界上最大的债务国。②

时至今日,斯蒂格利茨承认,他大大低估了全球化对发达国家带来的打击。不仅美国中西部铁锈地带的工厂工人,而且在世界上最先进的工业国家中,大批中等收入和低收入的工薪阶层也成为全球化的受损者。这些人在过去的30年中,生活状况的改善一直停滞不前。当其他地区的死亡率在下降时,由于遭受到社会衰落和经济不平等,美国中年男性白人因酗酒、自杀和吸毒死亡率在上升。那些原本可以依靠自己买房、送子女上大学,最后安稳退休的美国人,现在做不到了。他们为此而感到愤怒。③

二、美国对全球化态度的转变

自第二次世界大战结束以来,美国主导了消除贸易壁垒和建立全

---

① Thomas Donilon, "President Obama's Asia Policy and Upcoming Trip to the Region," Center for Strategic and International Studies (CSIS), November 15, 2012, http://csis.org/files/attachments/121511_Donilon_Statesmens_Forum_TS.pdf.

② Vladislav Inozemtsev, "Fukuyama's Post-Historical Model Got Politics Wrong and Economics Right," June 21, 2019, https://nationalinterest.org/feature/fukuyamas-post-historical-model-got-politics-wrong-and-economics-right-63617.

③ Paul Hockenos, "Globalization and Its Discontents Revisited," Feb. 5, 2018, https://www.ips-journal.eu/book-reviews/article/show/globalization-and-its-discontents-revisited-2708/; Joseph E. Stiglitz, *Globalization and Its Discontents Revisited*, *Anti-Globalization in the Era of Trump* (New York: Norton, W. W. & Company, Inc., 2017).

球性和区域性贸易体系的进程，在塑造全球贸易体系方面发挥了至关重要的作用。自 20 世纪 80 年代后期以来，美国推动达成了许多构成全球化框架的全球多边和双边协定。多年来，美国一直认为，这些贸易协定将为美国带来更强劲的经济增长，并为美国工人和企业带来更大的机遇，但是，美国对此失望了。在特朗普总统上任之后，美国开始进行反省。2017 年 3 月，即特朗普总统上任后仅 2 个月，美国政府就发布了《总统 2017 年贸易政策日程》。这份文件认为，自 2000 年，即中国加入 WTO 前一年以来，美国的各项经济指标都在持续恶化：GDP 增长放缓、就业增长缓慢、制造业就业人口大幅度减少、贸易逆差加大。具体来说，2000 年 1 月，美国制造业的就业人数为 1728.4 万，这一数字与 20 世纪 80 年代初的大致持平，但是到 2017 年 1 月 6 日，美国制造业就业人数仅为 1234.1 万，失业人数接近 500 万；2000 年，美国实际家庭收入中位数（按 2015 年美元计算）为 57790 美元，而到 2015 年下降到了 56516 美元，低于 16 年之前。在中国加入 WTO 之前的 16 年期间，即 1984 年到 2000 年，美国工业生产增长了近 71%，而在 2000 年至 2016 年期间，美国工业生产增长不到 9%。[1] 更不用说美国对中国的贸易逆差成倍增长了。该文件由此得出一个结论：目前的全球贸易体系对中国是有利的，但是从 2000 年起，它并没有给美国带来同样的好处。这些分析使特朗普政府更加相信，美国在全球市场上因不公平贸易而处于劣势，全球化让美国受损。

特朗普是全球化坚定的反对者。他曾引用美国智库经济政策研究所的研究报告宣称，"自北美自由贸易协定签订后，美国几乎损失了近三分之一的制造业工作岗位，而自中国加入世贸组织之后，美国损

---

[1] *The President's* 2017 *Trade Policy Agenda*, pp. 5-6, https：//ustr.gov/sites/default/files/files/reports/2017/AnnualReport/Chapter%20I%20-%20The%20President%27s%20Trade%20Policy%20Agenda.pdf.

失了5万家工厂"。① 此外，按照该智库的说法，自2001年至2013年，对华贸易逆差使美国损失了320万个工作岗位，其中240万个来自制造业。②

在此背景下，美国的国内舆论也开始发生变化。以往一般来说，在美国持不同政治观点的经济学家都认为，贸易是推动经济发展的关键性工具，而经济发展可以促进社会富裕和政治自由。贸易对美国经济发展的推动作用也得到普遍的承认。但是2017年的一项民意调查显示，美国人对自由贸易越来越持怀疑态度，71%的美国人认为促进"有利的"（而不是自由的）贸易政策"非常重要"，而且共和党选民对自由贸易协定的看法比民主党选民更为消极。③ 2015年和2017年印第安纳州立大学的两名研究者发现，2000—2010年，制造业失业率的大约13.4%是由贸易造成的，但他们的研究也得出另一个结论：最近几年制造业将近88%的工作岗位的丧失是由于生产力增长所致。④ 然而这后一个结论——生产力的增长是美国就业岗位减少的关键因素，却很少受到人们的关注。

全球化确实带来这样一个现象，即发达国家的总收入提高了，但是工作岗位却流失到了外国。经济全球化的基本特点是全球资本、资源和劳动力的全球配置。受资本趋利性的驱使，发达国家的公司趋向

---

① "Fact Check: Trump's Speech on the Economy, Annotated," June 28, 2016, https://www.npr.org/2016/06/28/483883321/fact-check-trumps-speech-on-the-economy-annotated.

② Will Kimball and Robert E. Scott, "China Trade, Outsourcing and Jobs," Economic Policy Institute, December 11, 2014, http://www.epi.org/publication/trans-pacific-partnership-currency-manipulation-trade-and-jobs/.

③ Art Swift, "In US, Record-High 72% See Foreign Trade as Opportunity," *Gallup*, February 16, 2017, http://www.gallup.com/poll/204044/record-high-foreign-trade-opportunity.aspx.

④ Michael J. Hicks and Srikant Devaraj, "The Myth and the Reality of Manufacturing in America," Muncie, IN: Ball State University, June 2015 & April 2017, p. 6, https://conexus.cberdata.org/files/MfgReality.pdf.

于在成本较低的发展中国家投资建厂,这为投资对象国创造了大量就业岗位,但同时为美国创造的就业岗位却十分有限。以苹果公司为例,根据该公司2012年的几份研究报告,这家在全球市值排名第一的美国公司,在美国直接雇用了4.7万人,"创造或支持了"51.4万个美国工作岗位,包括它在加州总部参与软件设计和在零售网络工作的将近50万人、用来运送其产品的联邦快递公司(FedEx)和联合包裹速递服务公司(United Parcel Service Inc.,即UPS公司)的雇员,以及康宁公司为iPad和iPhone生产玻璃面板的雇员。[1] 但同时,商业内幕网(Business Insider)、彭博新闻社(Bloomberg)等公司的其他分析报告又揭示出,在苹果产品的竞争下,其他在美国的相关公司被"摧毁了"总数约490,570个就业岗位。这些报告还发现,相比之下,苹果公司通过发展iPhone、iPad和其他产品的供应商网络在海外创造了大约70万个工作岗位。[2] 这样的发展趋势对哪类国家更为有利,显而易见。

一些案例表明,美国制造业的空心化和铁锈地带经济的衰落,有时达到令人瞠目的程度。曾经是美国三大汽车公司所在地和美国制造业强大经济实力标志的底特律市,于2013年7月向美国联邦破产法院提出破产保护申请,成为美国制造业空心化后果的一个典型事例。

---

[1] Nick Wingfield, "Apple's Job Creation Data Spurs an Economic Debate," March 2, 2012, http://www.nytimes.com/2012/03/05/technology/apple-study-on-job-creation-spurs-an-economic-debate.html?_r=1&adxnnl=1&adxnnlx=1346230882-+Wrxly0yVCJ/PGjO/R6SMQ.

[2] Eric Platt and Ben Duronio, "Apple Has Destroyed 490,000 American Jobs," May 1, 2012, http://www.businessinsider.com/apple-has-destroyed-american-jobs-2012-5?op=1. 到2019年,苹果公司的报告提供的数据是,苹果公司在美国50个州创造和支持了240万个就业岗位,是8年前苹果公司在美国创造和支持的就业岗位数量的4倍。参考原有比例,当前苹果公司在世界各地创造的工作岗位应该不少于这一数量。"Apple's US Job Footprint Grows to 2.4 Million," Apple, August 15, 2019, https://www.apple.com/newsroom/2019/08/apples-us-job-footprint-grows-to-two-point-four-million/.

这座城市随着美国汽车制造业的衰落而衰落了。2008年的金融危机给了底特律致命打击,三大汽车公司裁员14万人,城市人口从1950年繁盛时期的180万减少到2013年的70万,仅在2000—2010年10年间就减少了25万。由于纳税基础缩小,政府财政收入减少,2008年以来市政府不得不靠借债来填补财政赤字,其债务总额达到180亿—200亿美元;城市公共服务几乎陷于瘫痪,失业率高达18.2%,相当于当时全美平均水平的两倍多;三分之一以上的人口生活在贫困线以下;市区治安恶化,抢劫、盗窃、劫车、枪击事件频繁发生。底特律市政府除了削减开支、发行城市建设债券外,还需要用出售机场和公园来抵债。[①] 直到2018年,还未能看到底特律经济全面复苏的迹象。这一年底特律的人均实际收入在美国53个最大都市区的核心城市中排名倒数第一,仅为14523美元,约为旧金山55366美元的四分之一。[②]

技术创新所推动的全球市场确实没有使发达国家的某些人口受益。纽约大学斯特恩商学院两位教授诺贝尔经济学奖得主迈克尔·斯彭斯(Michael Spence)和桑戴尔·赫施瓦约(Sandile Hlatshwayo)于2011年3月初发表了一份题为《美国经济结构的演变与就业挑战》的研究报告。他们的结论是,美国的就业问题是特别有效的全球市场造成的。许多美国人不是从全球市场中获益,尤其是那些拥有中等技能工作的人,他们成为海外低工资成本的受害者。较不发达的国家开

[①] Nathan Bomey, "Detroit Bankruptcy: What Will Happen Next," July 18, 2013, https://www.usatoday.com/story/news/nation/2013/07/18/detroit-bankruptcy-what-will-happen-next/2556605/; Lydia DePillis, "Here's How Detroit's Bankruptcy Will Actually Work," July 19, 2013, https://www.washingtonpost.com/news/wonk/wp/2013/07/19/detroit-is-bankrupt-heres-what-comes-next/.

[②] Pete Saunders, "Detroit, Five Years after Bankruptcy," July 19, 2018, https://www.forbes.com/sites/petesaunders1/2018/07/19/detroit-five-years-after-bankruptcy/#5866cb00cfeb.

始生产比美国价格更低、质量更高的产品,虽然这会带来消费品更加便宜的正面效果,但也同时会带来分配方面的负面效果。在国家内部,不平等可能会加剧,在国家之间,新兴经济体的成功可能使富裕的经济体付出代价。①

麻省理工学院的经济学家戴维·奥托(David Autor)指出了类似的问题。他认为,总体来说,贸易和技术进步带来的好处显然大于坏处,但也带来很大的损失,这些损失会落到一部分劳动者身上。工作岗位向海外流失使美国劳动市场发生了两极化,即较高级的工作(需要受过高水平教育的专业、技术和管理职业)和较低级的工作(不需要高水平教育的饮食和服务行业中的工作)机会都在增加,但中等工作的机会却在下降,包括中等技术人员、白领职员、管理人员,销售职业,以及中等技能、蓝领工人、手艺和技工职业。② 2008 年美国次贷危机以及两年后的欧债危机,更加剧了这一长期存在的问题。③

自由贸易、资本自由流动、人口迁徙固然能提升世界各国的总体福利,但福利增长是不均匀分布的,它们同时会损害一些国家和一国国内部分群体的利益。由此不难理解,为何 20 世纪 90 年代以来,美国等西方发达国家是全球化的主要推动者,但 30 年后它们之中的一些却成为全球化的强烈反对者,而中国等发展中国家则成为全球化的

---

① Michael Spence and Sandile Hlatshwayo, "The Evolving Structure of the American Economy and the Employment Challenge," March 2011, http://www.google.com.hk/url? sa=t&rct=j&q=The+Evolving+Structure+of+the+American+Economy+and+the+Employment+Challenge&source=web&cd=2&ved=0CDEQFjAB&url=http%3A%2F%2Fwww.cfr.org%2Fcontent%2Fpublications%2Fattachments%2FCGS_WorkingPaper13_USEconomy.pdf&ei=bwVAUIbuC-ueiAfog4HgCA&usg=AFQjCNEA21h_rd6T0YgrWcT3K-Ku7SAw0g&cad=rjt.

② Thomas B. Edsall, "Is This the End of Market Democracy?" *The New York Times*, February 19, 2012, http://campaignstops.blogs.nytimes.com/.

③ Francis Fukuyama, "US against the World? Trump's America and the New Global Order," *The Financial Times*, November 11, 2016, https://www.ft.com/content/6a43cf54-a75d-11e6-8b69-02899e8bd9d1.

积极拥护者。

三、反全球化的根源来自发达国家内部

全球化和自由贸易可以提高全球资源的利用效率，促进经济和收入的增长，这一点可以通过半个多世纪以来世界贸易量和经济总量同时快速增长得到印证。但是，自由贸易对于美国经济发展来说存在两个最重要的缺陷。第一，自由贸易可能导致某些群体失业和收入下降。当资源在全球配置、分工在全球展开时，市场竞争压力会比仅在本国内大得多。为了降低生产成本，企业纷纷外迁或外包，这样发达国家的劳动者就必须与待遇比他们低得多的发展中国家劳动者进行竞争。来自其他国家的市场竞争加速了美国产业的空心化，尤其是白人蓝领集中的制造业出现了严重的衰退。更重要的是，由于受冲击的劳动者大多没有受过高等教育，而且转换行业或迁居的成本往往很高，结果很可能导致受冲击地区失业率升高和居民收入减少，而且教育程度更低、收入更少的工人受到的冲击更大。[1]

第二，贸易具有重要的收入分配效应，这一点往往被其经济效应所掩盖。自由贸易在理论上能提高全球总产出和总体福利，但并不能保证所有的人都能从中受益或同等程度地受益，而是会导致一部分人获益，另一部分人受损。由于流动资本重新部署了世界经济中的职业和生产，贸易强化了国际竞争压力，全球金融体系又限制了国家的福利和再分配能力，全球化加剧了国家间和国家内部的经济不平

---

[1] David H. Autor, David Dorn, and Gordon H. Hanson, "The China Syndrome: Local Labor Market Effects of Import Competition in the United States," MIT Department of Economics Working Paper No. 12-12, May 3, 2012, https://ssrn.com/abstract=2050144.

等。① 弗朗西斯·福山（Francis Fukuyama）在特朗普胜选后强调了这一问题，他指出，近年来，推动全球增长的、基于规则的国际贸易和投资体系所带来的好处，"并没有层层惠及所有人口，随着企业为应对竞争残酷的全球市场而进行外包，并尽可能提高效率，发达国家的工人阶级失去了工作"。②

此外，随着贸易越来越自由，其经济效益会日益减弱，而分配效应会日趋增强。研究表明，在过去几十年的快速全球化过程中，最大的受益者是发展中国家的中上阶层和发达国家的高收入群体，而最大的受损者却是发达国家的中低收入群体。至于发展中国家的低收入群体，他们依然无法摆脱极端贫困。③ 全球化加剧了美国国内收入和财富分配的不平等。由于经济全球化，美国跨国公司高管、技术精英可以不受国界的限制，在全球范围内竞争工作岗位，但是那些中、低阶层劳动者只能在地方上进行竞争，而美国制造业的空心化已经使地方丧失了大量就业机会，结果导致白人蓝领生活水平下降，更难以进入中产阶级，这进一步带来了美国收入和财富分配的严重不平等。美国白人蓝领阶层和中产阶级成为全球化进程中的相对受损者。对金融市场过度放宽管制引发的2008—2009年的全球性金融危机，更是严重打击了美国的中产阶级。美国劳工部近日公布的数据显示，截至2020年4月，受疫情影响，美国非农就业岗位减少了2050万个，失业率

---

① 戴维·赫尔德、安东尼·麦克格鲁：《全球化与反全球化》，北京：社会科学文献出版社，2004年版，第72页。
② Francis Fukuyama, "US against the World? Trump's America and the New Global Order," *The Financial Times*, November 11, 2016, https://www.ft.com/content/6a43cf54-a75d-11e6-8b69-02899e8bd9d1.
③ Christoph Lakner and Branko Milanovic, "Global Income Distribution: From the Fall of the Berlin Wall to the Great Recession," *The World Bank Economic Review*, 2015, p. 14, https://www.gc.cuny.edu/CUNY_GC/media/LISCenter/brankoData/wber_final.pdf.

飙升至 14.7%，为 20 世纪 30 年代经济大萧条以来的最高值。① 其中处境最艰难的仍是这些中低收入人群。

特朗普旗帜鲜明地反对全球化，激烈地攻击自由贸易和外来移民。他声称，美国的"政客们一直在不遗余力地追求全球化……全球化让金融界的精英们赚得金银满盆，但是它带给数千万美国工人的却只是贫穷和心痛"。② 特朗普的当选对于那些自认为深受自由贸易之害的中下层白人来说是一场胜利，他们认为自己是被高科技发展造就的后工业经济和以金融业为基础的经济所抛弃的人，因而他们成为自由贸易最激烈的反对者和特朗普逆全球化政策及"美国优先"政策最坚定的支持者。

全球化的深入发展曾带给很多人乐观情绪，就像欧盟的发展曾经带来的乐观情绪一样，他们以为国家主权和民族情绪都会逐渐弱化，身份认同将从民族国家转移到超国家或全球层面上来。但现实情况却远非如此，特朗普的"美国优先"原则、英国"脱欧"、欧洲各国极右势力的兴起，都证明深度的全球化反而会激发民粹主义情绪。

许多研究者都意识到，解决全球化带给发达国家的负面效应，需要政府采取积极的国内社会经济政策，例如带有倾斜性的税收政策、健全的社会保障、对失业者的职业再培训等等。但这些都是现在的美国政府所不关心的，它一心想在国际上以打压竞争对手的方式来为美国争得利益。实现美国经济状况的好转，确实可以使美国人整体受益，但并不能解决美国国内现有的收入分配不均和社会不平等的问题，包括中低收入群体所遭遇的困境。在这方面，美国一贯看不起西

---

① 吴乐珺：《美国失业率创新高》，载《人民日报》，2020 年 5 月 13 日，第 16 版。
② "Full Transcript: Donald Trump's Jobs Plan Speech," *Politico*, June 28, 2016, http://www.politico.com/story/2016/06/full-transcript-trump-job-plan-speech-224891.

欧国家以效率来换取福利和收入平等的做法,因而做得远不及后者。而且,正如思想史家、历史学家昆廷·斯金纳(Quentin Skinner)所指出的,福利国家要求非常高的税率来维持公共服务,而"美国的政客不能说服选民承担福利国家的费用"。[①]

因此,需要强调指出的是,国际上出现的逆全球化潮流主要不是源于全球治理体系的自身效率问题,全球治理的优化解决不了各国国内出现的问题。以美国而论,一方面有包括人工智能在内的科技发展促成的国家经济持续增长,另一方面则存在贫富差别拉大、中产阶级和工人阶级生活状况持续恶化、教育成本提高、国家认同危机等。只要这种社会状况得不到改善,美国国内就会存在反全球化的力量,[②] 普通民众在一些政客的煽动下也就会把积怨撒在中国身上。这种情绪自然会反映到美国的选举结果及当选总统的对外政策上。

四、中美之间可能出现的经济和科技脱钩

同共和党人相比,美国的民主党人对全球化持有较积极的态度。基于这种态度,他们更愿意在全球性问题上同包括中国在内的其他国家合作,特别是在应对气候变化、核不扩散、流行性传染病等非传统安全问题上。由于他们更赞同自由贸易,在国际贸易问题上也不像特

[①] 《福山曾预言历史的终结,然而全球化并未一统天下》,2020年1月2日,http://culture.ifeng.com/c/7stsHSntqXs。

[②] 这种力量早在1992年世贸组织西雅图会议期间发生的震惊世界的美国反全球化示威时就显示了出来。

朗普政府那样剑拔弩张。① 然而，虽然民主党人反感特朗普总统的内外政策，但在国家安全问题上，受意识形态的驱使，他们中的很多人持有同特朗普政府相近的立场，即中国是美国最大的战略挑战，这突出地体现在人权问题、台湾问题和南海问题上。因此，无论在今年即将到来的大选中结果如何，中美关系都不会恢复到以前的状态。

新冠肺炎疫情期间，美国与其他西方国家对中国抗击疫情的努力和成绩不断进行抹黑，除了特朗普为了达到其竞选目的，掩盖自己处理疫情危机不力的事实之外，还由于这些国家的许多政客担心，中国可能通过有效抗击疫情显示出比西方更强的国家治理能力，从而凸显中国政治体制的优越性。西方的记者不断就此问题追问福山，而福山的回答大概代表了西方学者中较温和的观点：他承认中国模式在此次抗击疫情中有突出表现，而且"中国模式是非西方模式中最成功的一个，它是国家干预和准资本主义的混合体"。但是在他看来，国家制度与抗击疫情的成果之间没有必然联系，决定各国表现的是国家能力和卫生制度。中国这样的政府更有能力应对紧急情况，但这并不能证明中国制度的优越性，因为一来，西方民主制下的国家也有抗疫成功的，例如德国和韩国；二来，"中国有权力集中的悠久历史，这一传统在日、韩等一些邻国身上都有不同程度的体现"，但是，这种模式

---

① 不无巧合的是，倾向于赞同全球化的民主党人在一系列与中国有关的问题上，立场都不像共和党人那样强硬。自 2020 年 3 月以来美国哈里斯民调中心（Harris Poll）在全美展开的"新冠追踪"（COVID-19 Tracker）系列调查显示，在一系列有关中国问题的表态上，民主党人都更加温和。其中，在因新型冠状病毒扩散"问责中国"的问题上，72%的共和党人表示支持，而民主党人中仅有 42%的人支持这一观点；在特朗普政府是否应对华采取更强硬的政策上，共和党人和民主党人中的支持者分别为 66%和约 38%；在对华贸易政策上，90%的共和党人支持与中国进行贸易对抗，而民主党中的支持者约为 53%；在"中国病毒"问题上，有 80%的共和党人在不同程度上支持"中国病毒"之说，而民主党中的支持者仅占 30%。总的来看，在大多数与中国有关的问题上，共和党人和民主党人之间对中国的敌意程度都有 30%左右、最高达到 50%的差距（哈里斯民调中心的原始民调数据可见 https://theharrispoll.com/the-harris-poll-covid19-tracker/）。

无法被亚洲以外的国家所复制,例如拉美国家。①

由于疫情在一个时期延误了产业链的供应,对于一些发达国家来说,从中国撤资或将生产转移到中国之外的必要性就更具有了说服力。一些国家已经公开这样做了,例如美国政府以优惠政策要求本国企业迁回国内,日本政府建议企业考虑从中国迁走部分工厂,以降低供应链过于单一的风险。许多国内外经济学家都已对此类举动做出评论,指出:重建美国的传统工业需要付出巨大代价;美国劳动力成本过高;在机械化和自动化的条件下,即使恢复传统工业也创造不了多少就业岗位;把产业链移出中国,会增添在其他国家重建的成本,可能还会面临较差的投资环境;最重要的是可能会丧失广大的中国市场。由于这些原因,全面经济脱钩很难实现。

在这个问题上,福山认为,在新冠肺炎疫情大流行之前,全球化已经达到了其最大限度。这次疫情促使许多西方国家考虑抑制全球化。不过在许多公司打算调整散布在世界各地的供应链以便优化资源时,如果认为可以通过在整个经济领域将产业调回本国来实现自给自足,无疑是荒谬的。尽管逆全球化极有可能出现,但可能改变的只是全球化的程度。② 换言之,全球化仍然是一个大趋势,尽管全球化的程度可能因一些发达国家逆全球化的举动而有所降低。也有人提出,有可能出现所谓的"多元全球化"。

讲到"多元全球化",就涉及了经济脱钩的问题。尽管全面的经济脱钩目前看来不大可能,但科技脱钩的问题却日益凸显出来。美国和其他西方国家现在担心不仅是企业和产品的国际竞争力,而且更担

---

① 《福山再发声:我承认新自由主义已死,但中国模式难以复制》,2020 年 4 月 9 日,https://zhuanlan.zhihu.com/p/135271012。

② 同上

心能否确保国家安全,也就是说,在经济模型中加入了"安全"这一变量,这会使其计算结果发生偏差。如今,科技领域里的竞争已被视为战略竞争,对于美国来说还是一场争夺世界领导权的竞争。中国促进军民融合技术发展的理念令美国感到不安,认为这会降低自身的竞争优势;中国的"一带一路"倡议更令美国担心,认为这是一项大规模的全球计划,将会给予中国制定全球技术标准的机会。美国对中国高科技的发展做出的回应是竭尽全力压制中国的发展速度,所采取的措施包括:对中国对美国核心技术的投资进行更严格的限制,严密审查中美之间的学术交流,实施有针对性的关税以降低中国在关键部门的竞争力,加大对美国认定的参与经济间谍活动的中国公民的起诉,并在反情报行动中投入更多的资源,[①] 以及最近禁止美国公司对中国人工智能产业出口关键产品,以对中国进行科技封锁。从现有的美国和欧洲的政策趋向来看,疫情之后,这些措施很可能会加强。

国际上更多的人担心中美之间日益激烈的技术竞争可能导致技术领域的分离,最后导致欧洲、北美、南美和澳大利亚主要采用美国的技术和标准,亚洲、非洲和中东则采用中国的技术和标准。许多人在议论,中美之间在5G标准方面的全球竞争可能是这种脱钩的早期迹象。中美在诸如5G方面的创新竞争将冒分离技术领域的风险,它们将通过引入5G网络来影响下一代移动标准、频谱分配以及在关键市场和地区的部署。如果中美贸易紧张局势加剧,美国竭力限制中国的市场,将可能导致形成两个不可兼容的5G生态系统:一个系统可能由美国领导,并由硅谷开发的技术支持,而另一个系统可能由中国领

[①] Ryan Hass and Zach Balin, "US-China Relations in the Age of Artificial Intelligence," January 10, 2019, pp. 3-4. https://www.brookings.edu/research/us-china-relations-in-the-age-of-artificial-intelligence/.

导，并由其强大的数字平台公司提供支持。[1] 在这种场景下，中国的市场主要集中在发展中国家，而这些国家的技术建设资源有限；美国公司将主要在竞争激烈的发达国家市场开展业务。[2] 从现有的迹象来看，这种情况在未来并非不可想象的。

　　鉴于上述情况，我们必须为疫情之后中美关系将进入一个更困难的阶段而做好思想和政策准备。由于美国国内现存的社会、经济问题，除非美国真正尝到苦果，其现行政策结果事与愿违，否则美国政府在逆全球化的道路上不会退却，把中国视为主要战略竞争对手的国家安全战略还会继续下去。为此，中国应采取相应措施，妥善应对中美之间可能出现的一定程度的经济脱钩和最大限度的科技脱钩。

---

[1] Paul Triolo, Kevin Allison, and Clarise Brown, "Eurasia Group White Paper: The Geopolitics of 5G," Eurasia Group, November 15, 2018, p. 4, https：//www. eurasiagroup. net/siteFiles/Media/files/1811-14%205G%20special%20report%20public（1）. pdf.

[2] Ryan Hass and Zach Balin, "US-China Relations in the Age of Artificial Intelligence," January 10, 2019, p. 5. https：//www. brookings. edu/research/us-china-relations-in-the-age-of-artificial-intelligence/.

郑永年 香港中文大学（深圳）全球与当代中国高等研究院院长

张弛 国防大学国家安全学院副教授

世界陷入"综合性危机"，中美之间"冷战"升级

新冠肺炎疫情正在全球范围内引发具有深远影响的动荡与调整：一是世界陷入"综合性危机"，即经济、社会、政治治理、国际秩序四大危机的"综合症"；二是全球化出现回归"经济主权"的趋势，将进入"有限的全球化"时代；三是国际秩序加速演变，欧盟和美国在世界上的影响力和领导力都将下降；四是中美关系"雪上加霜"、快速下行，中美之间的"冷战"已经升级。

一、"综合性危机"

新冠肺炎疫情引发的是一种"综合性危机"。1997年亚洲金融危机和2008年全球金融危机只是局部的金融和经济领域危机。但这次疫情危机是全方位的，是经济危机、社会危机、政治治理危机和国际秩序危机的"综合症"，在西方尤其明显。

随着新冠肺炎疫情在全世界扩散，没有人知道它对各国经济所造成的冲击到底会有多大，但越来越多的经验证据表明，这次疫情对世

界经济的影响甚至远超 1929—1933 年的"大萧条"。一方面,当年的"大萧条"主要是影响西方国家,而今天的新冠肺炎疫情对全世界的主要经济体都产生了显著的冲击。另一方面,"大萧条"时各国同意用凯恩斯主义解决问题。而现在呢?一些国家开始大量地印钞票,实施货币宽松政策,只顾解决自己的问题,把危机转嫁给他人。

在这样的经济大环境下,西方主要国家的社会都产生了比较大的恐慌。近年来,西方社会的中产阶级规模不断缩小,民粹主义和极右势力快速崛起。此次疫情如果控制不好,一些国家可能会出现政治治理危机。从历史上看,西方国家对社会恐慌的控制能力是比较低的。二战期间,意大利、德国的法西斯政权一开始也是受到本国老百姓拥戴的。当时真正导致墨索里尼、希特勒上台的就是社会恐慌,因为社会恐慌以后,大家需要"英雄"的出现。所以,在民粹主义和右翼势力已经比较高涨的基础上,加上疫情的冲击,可能会导致更加严重的后果。比如,包括美国在内的一些国家,其失业率如果持续攀升,那么如何控制恐慌情绪就将是社会治理面临的一个大问题。实际上,比病毒本身更严重的是病毒引起的社会恐慌。

现实中,我们看到,世界上很多国家为控制新冠肺炎疫情导致的社会恐慌都宣布进入紧急状态,甚至出动军队来维持社会秩序。值得警惕的是,人类历史上,瘟疫和战争几乎是一对孪生兄弟。如果疫情不能得到有效控制,导致各国危机加深,社会出现更大的恐慌,那么,民主政府和法西斯政府几乎只有一墙之隔,而这将增加爆发冲突和战争的风险。

二、"有限的全球化"

新冠肺炎疫情在全球持续蔓延导致经济全球化进程受到严重冲

击，全球产业链、供应链受到影响，全球化出现了回归"经济主权"时代的趋势，可能变为"有限的全球化"。

20世纪80年代开始的这一波全球化，毫无疑问创造了史无前例的巨大财富，但也产生了许多问题。财富只是流到部分国家和极少数人手中，出现了收入分配差距越来越大、社会越来越分化、中产阶级规模持续缩小等一系列问题。同时，全球化过程中，西方很多国家失去了部分"经济主权"，在资本的主导下，它们的产业大多转移到了其他国家，一些税收、就业等也转移到国外去了，导致了很多国内社会矛盾。这些都是近年来西方民粹主义、保护主义不断抬头的一个关键因素。尽管国际劳动分工有助于提高劳动生产率，但它也导致了西方内部经济和社会的分离。经济本来是嵌入社会的，但现在经济活动高度国际化，没有了主权性质，更不是社会所能控制的。因此，经济生活与社会生活成了两张皮，引发了一些比较严重的社会问题甚至危机。

此次疫情促使人们对全球化产生了更大的怀疑。疫情中，美国、西欧等发达经济体，虽然具有最发达的医疗系统和公共卫生系统，但疫情暴发后在应对上可以说是比较狼狈的，损失也比较惨重。一个重要原因就是在20世纪80年代以来新自由主义主导下的经济全球化过程中，这些发达国家的产业在世界范围内进行分工，大规模地向全球其他地方转移。从当年里根、撒切尔推行的改革开始，欧美把很多低附加值的产业都转移到其他国家，本土只保留一些高附加值的产业。这就使得像口罩、洗手液、呼吸机这样的医疗物资产业链，大量地转移到中国等发展中国家，欧美自身的生产能力大幅降低。根据美国的统计，美国80%左右的医疗物资都是中国生产的，97%的抗生素依靠中国供应。那么，危机一来，每个国家都要自保，欧美也是一样，各国拥有的物资首先要供自己使用，因而出口就受到限制，甚至被禁止了。所以，西方国家在这次抗击疫情过程中表现不佳，不仅仅是因为治理体制的缘故，也是因为这些国家已经不再生产基本的医疗物资。

经济全球化的目的原本是为了促进资源和产业在世界范围内的自由配置和梯次分工，但在此次新冠肺炎疫情笼罩下，一些规则突然不灵了。许多国家发现，产业链一旦受到影响，自己连普通的口罩和防护服都生产不了。国家、政府的经济主权没有了。而且，现在很多国家之间的经济体系是和平时期、没有危机时的体制，一旦发生危机就会出现大问题，即平时可以互相依赖，但一遇到大的危机就不能互相支持。而中国在抗击新冠肺炎疫情过程中，之所以能够在短期内取得巨大成效，不仅是因为全国统一行动的制度优势，也是因为医疗物资产能相对充裕的经济优势。

因此，疫情过后，欧美国家将更加强调自身的"经济主权"，世界很多国家无论从国民生命安全还是经济社会安全考虑，也都会想方设法收回更多的经济主权，通过"产业回归"的方式调整产业结构，将事关国家安全和民众生命安全的生产能力留在国内、迁移回本土，或者重置到和自己在交通、沟通上都相对可靠和方便的国家去。

这样一来，全球化将受到一定程度的冲击和抑制，全球化的概念和发展方向会发生变化，可能转变为"有限的全球化"，即各国都尽力掌握经济主权，把一些关键产能留在本土，以便掌握自己的命运，保卫国家安全。从这个意义上讲，疫情之后经济全球化会出现回落，部分产业链将迁回西方发达国家。所以，有人就说，疫情可能敲响了全球化的丧钟，是对全球化的最后一击。但实际上，疫情恐怕并不会完全终止全球化，而是会改变全球化的形态，可能会使全球化回到20世纪80年代以前的状态，即"有限的全球化"——每个国家都掌握自己的经济主权,并在此基础上进行贸易和投资。而20世纪80年代后的全球化则是更深层次的全球化,生产要素在全球市场进行优化配置。今后,经济全球化还会继续,但它的概念可能会发生变化,疫情以后的全球化与过去40年的全球化,不会是同一个概念。

当然,即使产业回迁,欧美也不会把所有的企业和产能都搬回本土,回迁的产能可能主要集中于两个领域:一是与国家安全有关的企业,这在美国对华贸易战过程中已经体现出来了;二是与公共卫生和医疗物资相关的企业,比如特朗普试图通过《国防生产法》把与医疗物资相关的产能搬回国内。换句话说,与国家安全、老百姓生命相关的那部分产能可能回归,而平常的衣服鞋帽这些已经存在了几十年的产业布局,要想在短时间内重新建立一个布局则不大可能。同时,也不见得什么都得完全由自己生产,因为好多中小国家不可能什么物资都自己生产,国际社会可能需要建立某种机制来保证这些国家老百姓的生命和生活安全。

那么,全球化的这种发展和演变,对中国会造成什么样的影响?

从短期看,"有限的全球化"会对中国经济产生较大冲击。近年来,外贸占中国GDP的比重都在30%以上,外资、外商在中国经济中也占有重要地位。此次疫情对中国企业的影响至少体现在两个方面:第一,中国很多地方的企业复工之后,由于欧美国家的订单可能减少甚至消失,所以无法恢复正常生产;第二,疫情结束后,美日等国的部分企业或产能可能迁出中国,将给中国带来比较大的产业调整成本。

但从长期看,中国将从"有限的全球化"中获益。一方面,西方产业不可能全部撤离;美日等国即使将部分企业迁回本国,也将是一个比较缓慢的过程,不大可能在短期内完成。另一方面,西方企业撤离后，会腾出一定的国内市场空间，中国本土企业可以迅速占领。目前中国是世界上产业链最齐全的国家，而且国内市场空间广阔，"有限的全球化"对中国本土企业来说或许是个好机会。它们不仅可以占领外企离开后留下的产业链和市场空间，而且可以对那些外企进行补充替代，进而向产业链上的高附加值环节攀升，加快实现产业升级。

三、国际秩序加速演变

新冠肺炎疫情正在促使国际力量对比和大国关系加速调整演变。在抗击疫情初期，欧洲国家基本上是各自为战，欧盟在组织和帮助成员国抗击疫情方面所发挥的作用非常有限，这将导致它对成员国的影响力下降。同时，作为世界唯一超级大国的美国，也没能及时有效地遏制疫情，并且不愿承担国际责任，这也将不可避免地导致美国的国际领导力下降。与此同时，美国等国对于中国在全球抗击疫情过程中向多国提供援助十分戒备，担忧中国地缘政治影响力的上升。而美国对于意识形态的着迷将增加国际形势发展的不确定性，甚至加速自身的衰落。

美国尽管拥有全世界首屈一指的经济、科技、军事实力，但在面对新冠肺炎疫情的时候，不仅自身应对失策、捉襟见肘，而且不愿意承担国际责任，不愿意向盟友提供大量援助，甚至和盟友争抢抗疫物资，停止对世界卫生组织的资助。可以预见，疫情过后，美国在全世界的领导地位和影响力也将下降。换句话说，此次疫情或将加速美国的相对衰落。

事实上，美国很多政治人物都在担忧疫情是否会导致美国的最终衰落。曾经在奥巴马时期任东亚及太平洋事务助理国务卿的坎贝尔（Kurt M. Campbell）和学者杜如松（Rush Doshi）前不久在《外交事务》上发表文章，把这一点说得很清楚。他们指出："美国过去70多年来建立国际领导者的地位，不单是因为其财富和实力，更重要的是美国国内管治、供应全球公共产品、有能力和愿意集合和协调国际力量去应对危机所产生的认受性。"而这场疫情"考验上述美国领导力的全部三个要素，但到目前为止华盛顿并不合格；在其步履蹒跚时，北京正在迅速而熟练地采取行动，利用美国失误而造成的缺口，填补其空缺，把自己呈现成应对这场大流行疫情的全球领导者"。他们担忧，中国通过在疫情中对其他国家提供帮助，试图建立新的标准，把中国塑造成为不可或缺的强国（essential power），并以此和世界各国建立关系。这已经明显表现在中国与日本、韩国联合应对疫情，向欧盟提供重要卫生设备的行为上。美国更应当担心的是，尽管其欧洲盟友并没有公开批评美国政府，但在一些关键问题上，已经不是和美国站在同一战线上了，例如是否采用华为技术和有关伊朗问题。如果1956年英国夺取苏伊士运河的行动标志着大英帝国的最后衰落，那么，如果美国继续这样下去，新冠肺炎疫情大流行将会是美国的"苏伊士时刻"。

其实，正如一个国家的外部影响力是其内部崛起的外部反映一样，一个国家的外部衰落也是其内部衰落的反映。简单地说，英国的衰落并非因为美国的崛起，或者美国的衰落并非因为中国的崛起。美国在国际舞台上领导力的衰落，不仅仅是因为其内部问题，更是因为它成为唯一的霸权之后开始实行单边主义。自"9·11"事件开始，美国因为实施单边主义，就已经和其欧洲盟友渐行渐远。之后的很多年，因为美国在国际舞台上扩张过度，不得不作收缩战线的调整。尤其在特朗普上台之后，美国急速地从各种国际协议中退出，在"美国优先"原则的主导下，美国很多时候已经不能在国际舞台上扮演领导者角色了，正如它在此次疫情中表现出来的一样。

当前，西方高度依赖中国的医疗物资供应。中国作为医疗物资生产大国有意愿、有能力，并且有道义上的必要性，来帮助世界其他国家，这再正常不过了。但美国又担忧中国对西方的医疗援助会影响本国人民对中国的看法。美国某些政治人物对意识形态的过度着迷，使得他们对本国和本国的老百姓失去了信心。而这种状态只能妨碍美国正确地认识国际形势的发展趋势并做出相应的调整和改变，甚至加速自身的衰落。

从国际关系来说，以往国际关系的基石正在慢慢消解，二战以来建立的国际秩序已经摇摇欲坠，新冠肺炎疫情将大大加速这个进程。这不仅是对西方的挑战，也是对中国的挑战。该如何解决？目前为止整个世界都还没有方案。谁都不知道新的体系是什么样的，由谁来建立。而且也不是说美国主导的世界不行了，中国就可以主导，因为任何一个国家再强大，也不可能提供足够的国际公共产品。

四、中美"冷战"升级

新冠肺炎疫情使原本就持续下行的中美关系"雪上加霜"，不仅促使中美"冷战"升级，甚至增加了两国之间局部热战的可能性。中美关系作为世界上最重要的双边关系，这些年来发展得并不顺利。特朗普上台后，美国发动了对华贸易战。两个最大经济体之间的贸易战已经给世界经济蒙上巨大阴影。经过艰苦谈判，好不容易达成了第一阶段协议，2019年底新冠肺炎疫情却出现了。这本应该是最需要中美这两个大国合作的时候，它们之间的关系却加速下行。

新冠病毒在全球的扩散使得中美合作变得更为必要和紧迫。两国的合作既有客观需要，也符合两国人民的利益。因为疫情首先在武汉暴发，在早期中国更需要美国的合作。美国虽然答应合作，但很多承诺并没有兑现。等到中国的疫情得到控制，疫情在美国大规模流行时，人们觉得美国更需要中国的帮助。的确，美国需要中国供应医疗物资。不仅如此，中国拥有疫情的关键信息（包括对病毒本身的研究、病毒传播方式、病毒大数据等）和抗疫的经验。在经验层面，两国的科学家也的确在进行各个方面的合作，但这些客观需要并没有把两国的合作彰显出来。尽管中美两国领导人就新冠肺炎疫情的应对以及合作进行了友好的电话交谈，特朗普也答应会亲自监督落实两国元首所达成的共识，但现实中，人们并未感觉到两国合作的气氛，倒是闻到了浓浓的"火药味"。其实，即使两国的医疗合作可以进行，人们曾经见到的中美关系也已经一去不复返了。

为什么中美进行合作会如此困难？因为无论是围绕着贸易还是病毒，两国间日益恶化的政治气氛使得本来可以开展的合作几乎烟消云散。疫情暴发以来，中美在两个领域进行着越来越激烈的较量：一是病毒的冠名；二是媒体战。美国国会民主党人普遍批评特朗普和行政当局对于美国新冠肺炎疫情的应对失当。民主党联邦众议员麦戈文（Jim McGovern）表示，他担心共和党人在对中国采取调查的做法将引起种族歧视，甚至种族仇恨。联邦参议员沃伦（Elizabeth Warren）也公开叫板特朗普。很多民主党人也认为，行政当局这样做是为了推卸责任。但值得注意的是，问题并不是推卸责任那么简单。

疫情考验着美国的内政外交，很多方面促成了美国对中国真实而深刻的忧虑，这种真实性和深刻性，是正常时期所不能感受到的。

一是对经济高度依赖中国的忧虑。谁都知道中美两国经济的相互依赖性，但谁都没有对这种高度依赖的后果有过如此深切的感受。正如美国国会众议院外交事务委员会共和党议员麦考尔（Michael Mc-

Caul）所说:"我确实认为我们要审视我们的供应链,我们80%的医疗物资供应来自中国。如果我们在这样的危急时刻还必须依赖中国,当他们威胁我们,说要把我们置身于新冠病毒的地狱,拒绝提供医疗物资给我们,美国就必须重新审视,思考我们能否在美国制造这些产品。"的确,全球化使得美国资本主义高度异化,政府失去了很多经济主权。在新自由主义旗帜下,美国资本主义为了逐利,把大部分经济活动迁往海外,包括和人民生命密切相关的医疗物资生产。当特朗普大谈美国拥有世界上最强大的经济、最好的医疗卫生体制的时候,老百姓需要的只是口罩、洗手液、防护服、呼吸机等;而这些能够给人民带来安全的物资,美国已经不再生产或者产能不足了。这个现实无论是美国的精英还是民众都难以接受。正是由于这个现实,今天的美国出现了"去全球化"就是"去中国化"的论调。

二是对中国体制的忧虑。中美之争说到底是体制之争。中国的"举国体制"在抗疫过程中所体现出来的有效性,更加强化了美国精英对中国体制的担忧。就美国体制而言,如美国政治学者福山所说,美国这次抗疫不力并非美国体制之故,美国总统要负更大的责任。如果说美国精英对美国体制没有有效的反思,对中国体制的恐惧感则是显然的。有跨党派议员提出议案,把新冠病毒在全球流行归因于中国,并呼吁中国公开承认新冠病毒起源于中国。如果意识到美国精英对中国体制的恐惧,类似的举动就不难理解,而且这种举动今后也会越来越多。

三是对美国全球地位被中国取代的忧虑。疫情在美国快速扩散,美国自顾不暇。同时,疫情把特朗普的"美国中心论"推向一个极端,显示出美国的自私性,单边主义盛行。美国不仅单边对中国断航,也对欧洲盟友断航。新冠肺炎疫情几乎断了美国世界领导力之臂。相反，中国在本土疫情得到控制之后，开始展现其疫情外交，不仅对发展中国家，而且对美国的欧洲盟友。更使美国担忧的是，这些国家为了应对危机而纷纷投向中国的"怀抱"，接受中国的援助。这种情形是美国所不能接受的，美国担心新冠肺炎疫情会深刻地弱化甚至消除美国地缘政治的影响力，而使得中国得到一个史无前例的机会来主导世界地缘政治。

更糟糕也更重要的是，今天中美之间的矛盾越来越具有深厚的社会基础，即两国内部日益萌生的民族主义情绪。来自美国的各种民调显示，美国人对中国的好感度已经降到了中美建交以来的最低点。中国尽管没有类似的民调，但从数以亿计的网民高涨的民族主义情绪来看，民众对美国的好感度之低也是罕见的。

值得注意的是，美国在新冠肺炎疫情中掀起的反华反共浪潮，是有其深刻的历史和现实根源的。

一方面，美国对中国的不放心由来已久。在美国历史上曾经出现两次所谓的"红色恐慌"（Red Scare），指的就是在美国兴起的反共产主义潮流。第一次发生在1917—1920年间，俄国"十月革命"爆发后，美国政府看到了无政府主义革命运动和政治激进主义背后的威胁，因而展开了一系列限制人民言论自由、驱逐疑似激进分子与无政府主义者的运动。第二次"红色恐慌"开始于第二次世界大战后的1947年，并在20世纪50年代初麦卡锡主义（McCarthyism）的催化下达到顶峰。当时，共和党参议员麦卡锡大肆渲染共产主义对美国的渗透，煽动政界和文艺界的人士相互揭发，许多知名人士如演员卓别林、科学家爱因斯坦都受到牵连。即使麦卡锡主义在20世纪50年代中期走向衰退，这波"红色恐慌"中的"反共"思维仍深深影响着美国的许多政策。近年来，美国对中国的恐惧已经导致一些美国学者认为新版"麦卡锡主义"兴起,即"逢中必反"。二战前法西斯的崛起,就是用右派民粹主义反对他们所谓的左派民粹主义(共产主义、马克思主义等),这种大的局面到今天并没有根本改变。

另一方面,疫情正在引发海外"以反华为核心的民族主义浪潮"。美国和西方民间已经出现了很多反华事例,华人感受到越来越大的压力。一方面,这是政客无能、推卸责任的做法;但另一方面,也是更为重要的一个方面,就是其背后隐藏着"议程设置"。其实,从一开始,美国的政治人物就是有其议程的。对疫情在美国的扩散,他们从来就没有承担过任何责任,而是一直把责任推给中国。从病毒冠名之争和病毒起源的各种阴谋论,到后来对世界卫生组织的指责和要求对中国"秋后算账",各种行为都是这一议程的一部分。按理说,世卫组织定义了病毒名称之后就应该按世卫组织的定义来。但是美国国务卿蓬佩奥和一些美国议员仍然讲"中国病毒",这是故意的,远超出"推卸责任"的范畴。很显然,这种行为逻辑不仅属于美国,也属于整个西方世界。尽管中国在本土疫情得到基本控制之后,尽力向包括一些西方国家在内的100多个国家提供医疗卫生物资,但西方对中国的不信任不仅没有降低,反而急剧增加。中国的对外医疗援助被视为"口罩外交""影响力外交""地缘政治外交"。"秋后算账"的声音在整个西方世界盛行,英法德高官也直接或间接地指责中国。除非在接下来的一段时间,美国和中国的关系出现逆转,否则美国和西方新一波更大规模的"反华"和"反中"浪潮恐怕很难避免,无论是在疫情之中还是疫情之后。与此同时,种族主义在美国也快速抬头。美国一些政治人物一直揪着"新冠病毒到底是哪个国家的"这个问题做文章;《华尔街日报》还说中国是"亚洲病夫"。从某种意义上讲,这段时间的中美关系,实际上就是围绕着种族主义和反种族主义展开的。

总之，新冠肺炎疫情已经促使中美"冷战"升级。越来越多的人开始担心，随着疫情在美国继续扩散以及美国政治人物把责任推卸给中国，随着反华浪潮在美国快速掀起，加之疫情引发的经济危机、社会恐惧和美国内部治理危机，中美之间的"冷战"是否会转化成为局部的热战？如果是这样，那将是全世界的灾难。

黄平 | 全国政协委员
香港中国学术研究院常务副院长

疫情后的世界格局：
回归，还是巨变？

2020 注定要载入世界历史史册。

这一次，不是因为经济低迷，更不是因为爆发了战争，而是百年未遇的病毒肆虐。现在，各国还在与之搏斗中，5 月份召开的世界卫生大会，也是非常特别的一次世界卫生大会，但还是无法预知新型冠状病毒蔓延到什么时候会结束，更不能预言它的蔓延将给世界带来什么后果。

这是世界格局将变的征兆吗？疫情以后的世界还会是过去那个世界吗？

一、世界面临百年未有之大变局

从国际层面看，世界已经进入了百年未有之大变局。这是自从第一次世界大战以来最大的格局变化。一战以及接踵而至的大萧条、二战使得整个 20 世纪前半期都笼罩在浓重的阴云和战乱中。第一次世界大战，不仅终结了奥斯曼、德意志、奥匈、沙俄等几个帝国的统治，也迎来更大的危机，迎来了一个看似矛盾的局面：一方面西方国家彼此之间战争不断，且与经济危机、社会革命并存；另一方面，西方列强同时又在世界层面横跨并试图主导几个大陆。

一战期间，起源于美国堪萨斯一个军营的病毒性流感，很快由于战争所致的人员大流动向世界各国蔓延，致使当时一半以上的世界人口被感染，至少 2500 万人死亡，大大超过了 900 万的一战死亡人数。

随后，发端于美国的经济大萧条，不仅席卷各国，造成最严重也是持续时间最长的银行倒闭、股票狂泻、工厂关闭、人员失业、财富缩水、贫困加剧等现象，而且催生了世界范围前所未有的社会动荡、犯罪与内乱，并最终引发了第二次世界大战。

第二次世界大战结束后，人们痛定思痛，并试图建立诸如联合国这样的国际组织以防止战争悲剧重演。但好景不长。世界很快又陷入了"冷战"，冷战给了以美欧为代表的西方和苏联为代表的东方"冷和平"的机会，世界反倒因为某种战略平衡或"均势"，防止了第三次世界大战的爆发。

冷战时期，中国不仅获得了民族解放和独立发展，还摸索着建设新社会的路子，开启了改革开放的历史进程，其既坚持了富有中国特色的社会主义，又大胆并成功引入了市场经济，为广大发展中国家如何既坚持独立又谋求发展提供了全新的另类选择，为世界层面带来了新的冲击和新的思考。

冷战结束以来，世界进入了新一轮的全球化，资本、商品、服务、人员开始大规模的跨国界大流动，科技、信息的高速发展与广泛运用，使得中国等非西方国家在世界经济中的比重，在世界政治中的权重和国际事务影响力大大提升，改变了世界各国及其民众的生产方式、生活方式、交往方式和思维方式。

然而，2008 年发端于美国的全球金融危机却给这一轮全球化带来了新的变数和反思。引领并主导此轮全球化的美国，居然选出了一战以来最为敌视和抵制全球化的一届政府，在几乎所有全球性问题和重大国际事务上，与各国政策上相左、规则上相悖。在其他国家和地区，也出现了不同类型的"民粹主义"、民族主义、保护主义，"去全球化"成了最大的世界性现象之一。英国的"脱欧"，尽管其国内根源由来已久，也不过是这一现象的局部表现罢了。

可以说，在刚刚进入 21 世纪第三个十年之际，世界正在见证着百年未有之大变局。这时，不确定性本身成了最大的确定性，风险、危机、"陷阱""黑天鹅"随处可见；社会失范，政治失序，制度失灵，安全失控，精英失职，在西方国家已不是个别现象；国际关系重组，国际规则重写，国际秩序重建，国际格局重构，是正在或将要发生的事情，不论人们愿意不愿意。

二、世界格局重构的新变数

更让人难以置信的是，本就充满了不确定性的百年未有之大变局，进入 2020 年居然又平添一大变数：新冠病毒的全球性蔓延！

迄今为止，还没有任何人、任何国家、任何组织和机构，包括世界卫生组织，能明确告诉人们究竟这病毒从何而来？将持续多久？下一步会蔓延到哪里？哪些人更易感染或更可能由轻症转重症？

只要这些问题在医学上还没明确答案，不管各国的体制机制上有何不同，抗疫就必须是第一位的。至于它带来了经济停摆、社交暂缓、"自由"受限、旅游不再、餐饮萧条、失业加重等现象，恐怕就都只能是不得不面对的两难境地，因为说到底，前者直接关系到的是生还是死，而后者所涉及的更多是快还是慢、多还是少。

而且，由于迄今我们所知所熟所能用到的国际层面的制度、机制、组织，更多的是第二次世界大战结束后为了防止人类再度陷入战争，也为了在和平的环境下谋求发展，而几乎很少是为了预防和制止病毒大流行大蔓延而设计的（除了世界卫生组织），连这方面的专业人员、预算经费、组织架构、体制机制也都非常薄弱。体制、制度的缺失为有效抗疫又增添了难度。

在疫情和病毒面前，我们都是"外行"。稍微有点把握能说出来的，也需要时间和实践去验证真伪。概括起来，有以下几点：

首先，这次疫情暴发，所有人和国家、政府、组织、机构，谁也没有先见之明，没有谁提前预知，更没有谁知道如何应对它，因此，谁也没有资格去无端猜忌别国一开始没能采取更高明的措施，更没有资格事后诸葛亮般地指责别国为什么没有做得更好。

其次，病毒来袭，对所有人和国家、政府、组织、机构，都是一次大考，能经受住考验的，绝不是靠某种抽象的概念、制度，而是实际的应急与组织动员能力，尤其是面临紧急的公共卫生危机时的应急能力和治理能力，其中包含（但不限于）：国家的组织力、民众的配合度、社区的管理水平、防疫体系的健全性与可行性、医护人员的专业水平与奉献精神等等。

第三，如果哪个国家在疫情中的表现可圈可点，就认为其一定有诈，那么这样的推论和断言，无疑是傲慢、无知和武断的。

第四，疫情蔓延使得深受 2008 年全球金融危机重创的各国经济变得更加低迷，经济萧条引发失业人数攀升导致社会问题增多，无法从现有的经济政策中找到解困之道，美西方大国不惜逆全球化而上，强调"美国优先"，而且不惜"脱钩"。

最后，这次抗疫，对所有人、所有国家、所有政府、所有组织、所有机构都是全新的挑战，它使本来就已经进入百年未有之大变局的世界再添新变数，使本来就高度不确定性的世界变得更加不确定。

这个时候，世界各国需要的，不是危言耸听，如一些"预言家"所宣称的，今年大瘟疫，明年大萧条，后年甚至会有世界"大战"，但我们也要重视诸如"新冠肺炎疫情之后，世界将不再是原来的样子""新冠肺炎危机标志着一个转折点"之类的预言或警言，这会使我们更加冷静、现实、理性：做最坏的打算，求不坏的结果。

三、人类命运共同体成为现实的理性选择

一般疫情开始时，人们的本能反应都是自保，而无法自保、不足以自保时，反应有可能就是：互相指责，或者互相"甩锅"。当然，其中也不乏政客试图通过"甩锅"来转移视线、转嫁矛盾，并推卸自己失职和无能，无论是因为临近大选以求继续执政，还是因为国内党争或国际博弈以求继续占领制高点。

因此，在疫情大考还远没有结束的时候探讨人类能否在大灾难、大瘟疫面前互相携手，共同抗疫，来思考疫情之下，如何践行人类命运共同体的理念，具有了高度的历史感和现实感、责任感和使命感。

自二战结束以来美国主导的西方秩序其实从来也没有真正成为过所谓"世界秩序"，姑且不说1945年以后很快出现了长达近半个世纪的"两极格局"，即使苏联解体、东欧剧变以后，"一超"也没能真的独霸过，随着"冷战"结束而来的是一个多极、多元、多边也多样的世界。

如今，美国的一些战略、外交、情报和军界人士纷纷哀叹美国主导的"以规则为基础的秩序"不再，美国甚至公开主张"脱钩"，也许他们还真没想过，这些"规则"从来就没有完全成为世界各国各地区主动自觉遵从的规则（这也是所谓"霸权"的本来之意）：冷战期间的社会主义阵营，冷战结束后的非西方国家和地区，都有着自己的

规则和其背后的价值，即使在所谓的"西方世界"内，也一直就有多种质疑、多种抵抗、多种另类思考。

进入新世纪以后，一是以资本、商品、服务、科技、信息和人员的大流动为特征的全球化以超越西方世界原来所设想的广度和深度迅速发展，二是以中国为主要标志的非西方国家和地区在这轮全球化中以几百年来没有先例的规模、速度和势头成为世界格局中的重要力量。在这种情况下，世界是继续按照事实上的丛林法则玩零和游戏，还是有可能走出一条不同的互鉴互补、合作共赢的道路？

如果没有这场大疫情，没有它的突如其来和迅速蔓延，也许很多人会对非零和、非丛林的新秩序新格局继续持怀疑或保留态度，认为无论是经济竞争还是政治博弈，都只能是你多我少、你输我赢，甚至是你死我活的零和博弈。但是，人算不如天算。一场天灾般的瘟疫，让我们越来越看到了病毒是人类的共同敌人。没有共同敌人，人们就感觉不到彼此有共同利益；没有共同利益，也就谈不上共同责任；如果利益不分享、责任不共担，命运共同体就似乎离我们还太遥远。

当然，这里面必然包含着艰难困苦，未知的不确定性中还会有荆棘丛生。如果没有针对这一次全球性的非传统公共卫生安全挑战而进行的伟大斗争，而继续走各自为政之路，对人"甩锅"，遵从丛林法则、信奉零和游戏，那么不仅病毒将持续蔓延，病死人数会持续攀升，各国的卫生体系面临崩溃，正常的经济和社会生活无法恢复，而且世界真的可能会再度陷入大混乱、大萧条。

这次大疫大考使得人类命运共同体不再只是一个美好的愿景。由于病毒蔓延、感染人数剧增，在生还是死这个终极命题面前，人类迈向一个健康共同体、命运共同体，就成为活生生的现实的理性选择。

从这个意义上讲，新冠肺炎疫情将永远改变世界秩序，而不是疫情之后又回归过去。至于它是促进了还是加快了百年未有之大变局，还要等时间来回答，但至少，未必就是坏事。

第三篇 世纪大考下的此消与彼长

世界经济严重衰退已成定局,未来世界经济的版图很可能出现历史性的重组。受疫情暴发带来的政治、经济、社会、个人生活等全方位冲击和挑战的影响,世界范围内的政治与社会思潮开始进入新的激荡期,大国关系的竞争与冲突不断加剧,各种区域与全球治理体制出现了"边缘化"的趋势……

王逸舟　北京大学国际关系学院教授

新冠肺炎疫情引发的关于中国国际贡献的思考

此番新冠肺炎疫情，引发全球范围关于国家贡献与责任的大讨论。其中对于中国责任的激辩构成了重要部分，对此应当引起中国学界的高度重视。国际责任问题涉及多个学科，这里仅从国际关系角度谈点个人思考。

一、关于中国的国际贡献

一个国家的国际贡献及责任担当，包含很多方面，其中最重要的有国家的对外援助、提供的国际公共产品，特别是给国际组织的会费和专项捐款。

有关中国向世界各国和世界卫生组织提供的大量医疗物质和抗疫专项经费，已是众所周知的事实，这里不再赘述。值得指出的是，这次中国对外援助范围之广、供应之快、力度之大，不仅超过多数国家，而且超越自身纪录；上一次重大专项外援，是2013年对西非国家抗击埃博拉疫情时提供的7亿多人民币援助（包含各种医疗物质及专家赴现场指导等）。尤其要看到，此次援外抗疫过程尚处在进行时，还在持续扩展，参与其间的不仅是中央政府，动用国库资源，而且激发调动了从地方到民间、从集体到个体、从北京到边疆乃至全球各地华人华侨留学生的广大地域之各种各样的人财物力和积极性。这是一次历史性的、史诗般的民族动员，是中华民族复兴阶段力量与风范的空前展示。对比大洋彼岸那个超级大国在新冠肺炎疫情全球大流行期间的自私狭隘、卸责"甩锅"，中国尤其表现出一种勇于担当、积极协作、努力援助的负责任大国风范。当世人痛感和唏嘘美国现政府对盖茨基金会国际合作倡议的排斥打压的同时，却见证了来自中国民间的马云基金会当下遍及全球、及时有效的抗疫援手；在美国政府野蛮无情封杀伊朗人民通过国际通道获得医疗物质及相关国际捐助可能性的那一刻，很多普通中国人却自发向伊朗驻华使馆捐款公众号献上了爱心——虽然它不属于政府倡议和行为，此刻却与中国政府对伊专项抗疫援助一道，构成了人类危难关头国家道义和人民爱心的交响曲。

放开眼量就不难发现，中国在全球抗击新冠肺炎疫情中的重要贡献，是进入新世纪以来中国的国力不断增长、国际责任意识持续提升、对外援助大幅增加之总体趋势的一种自然延伸。中国在联合国及重大国际组织的会费捐款和维和经费摊款占比，很能说明问题：21世纪初中国提供的联合国维和经费，仅占整个数额的1%，现在已经增长到12%，最近20年间陆续超过加拿大、意大利、俄罗斯、法国、英国、德国、日本等会费贡献的传统大国，目前位居全球第二。这些年美国无理拖欠世界卫生组织会费、退出联合国教科文组织及其他国际组织，在不断"退群"的背景下，中国提供的会费和各种专项支持快速增长，业已成为主要国际组织和国际机制发挥作用的主要动能和新资源之一。在联合国维持和平部队全球各种战区常年所需的巨额费用里（最近20年里，每年少则需要30—40亿美元，多则高达70—80亿美元），中国负担的费用呈现直线上升态势，现已占到联合国机关方面开销费用的 15%，有一些贡献甚至很难用金钱计量。比方说，中国军队向联合国维和部队提供的兵员总数（含军人、警察、观察员和各种民事专家等），过去几十年间达到 3.7 万人次，比安理会另外 4 个常任理事国提供的兵员合起来都多；中国维和官兵这些年来根据联合国相关要求新建或修复的道路长度超 1.4 万公里，超过欧美国家为联合国修建道路长度的总和；中国工兵秉承使命至上、勇往无畏的精神，在蚊虫肆虐、疟疾多发的非洲丛林里披荆斩棘打通道路，其艰难绝非一般国际承包商所能企及。

除此之外，在崛起为最大贸易国和第二大经济体的过程中，中国成为联合国多数会员国的主要贸易伙伴和投资来源之一，带动了经济全球化的持续发展，带动了很多国家的就业、脱贫和经济振兴，也带动了各地的旅游业、港口物流建造、金融和房地产事业。20 世纪 90 年代后期亚洲金融危机的关键时刻，中国不仅给韩国、泰国、印尼等受影响严重的国家提供直接的帮助，而且承诺人民币不贬值、不放弃邻里相助的各种机会，从而带动了整个地区从危机中恢复，也大大增强了中国与邻国的共同安全、培育塑造了集体安全意识；进入新世纪之后，中国政府倡导的"和谐社会""和谐世界"等理念，带动了中国与周边地区的自贸区建设和旅游业繁荣，从而使整个东亚区域经济体成为继西欧北美之后全球经济的新亮点和重要支柱；中国在自身成长的同时，没有忘记曾经患难与共的兄弟和盟友，以实实在在的行动帮助一些至今仍深陷贫困和饥荒的国家，譬如作为主要债权国，中国多次响应国际货币基金组织和世界银行的呼吁，减免某些最不发达国家的债务，同意面临严重经济危机的低收入国家延缓还款；中共十八大以来，中国大力倡导和推进"一带一路"建设，进一步巩固了改革开放几十年来逐渐成形的中国国际定位和角色，强化了世界新阶段进步的强大引擎、全球制造业的新型中心、国际社会和多边主义在新时期的主要维护者和倡导者等地位。当人们争论中国的角色与责任时，不应离开这些基本的观察点。

21世纪以来，造成中国国际贡献与责任感持续大幅增长的驱动力，主要有三个：第一，21世纪初中国加入世界贸易组织这一历史性事件，大大增强了中国与世界相互接触和依存的深度广度。它不仅在经济、贸易、技术等层面加快了中国国际化的步伐，增进了中国国民对经济全球化带来好处的感受，也增强了中国决策层对加大整个国家国际参与度和国际贡献的社会心理基础。第二，2008年在中国首都——北京成功举办奥运，这一事件对于中华民族国际主义意识的跃进具有不可低估的历史意义。"我和你，心连心，共住地球村"，这首家喻户晓的主题歌曲，伴随着中国向"更高更快更强"进发的步伐唱响，也激发出整个民族放眼看世界、积极做贡献的积极心态。在北京奥运之后，中国对全球气候谈判进程，对联合国下属各主要机构（如教科文组织、世界卫生组织、难民署、工业发展组织等），对联合国的维和行动和安理会决策过程等，均表现出更大的支持热情与贡献立场。第三，十八大以来，新的最高领导层更加重视中国的全球地位和作用，提出了推动构建"人类命运共同体"等重大思想并得到广泛传播。最近几年来，中国领导人出访世界各地的里程与频率，各种大规模、持续产生影响的"主场外交"，中国提出的国际倡议与合作举措，都达到史无前例的水平。新中国的成立是中华民族第一个扬眉吐气的里程碑，改革开放扮演了"加油站"的角色，新时代的"强国梦"则成为第三个新起点，令1840年鸦片战争以来中国历史长期的屈辱感和弱国心态渐渐远去。凭借不断增强的综合国力，现在的中国更有信心和条件提供更多更好的国际公共产品，为世界的和平发展做出更大贡献。

二、对中国承担国际责任面临的问题和挑战的思考

需要指出的是，中国在对外援助和承担国际责任方面把好事做好也绝非易事。我们遭遇的各种误解和曲解，说明对内增信释疑的很多工作还没有完成，对外正本清源的很多事情还需要去做。

从国内来看，民众的相关认识程度还不够。尽管如前所述，近年随着对国际事务了解的增多，中国公众变得愿意帮助他国，但毕竟我们国家建设性参与全球治理的时间不长，加上很多配套的工作没有跟上，现实中一个令相关决策部门困惑尴尬的矛盾现象逐渐抬头，即：一方面是我们的高层领导和中央政府在国际上的承诺不断增加，中国百姓及纳税人的国际贡献节节上升，另一方面不理解的人也越来越多。生活中不难见到或听到类似下面的批评或质疑，诸如"我们国家不是发展中国家吗？""为什么给联合国和非洲那么多钱？"在不同地方、不同时间点、针对不同事情，此类批评表达的强度虽有所不同，但可以确定的是，国家对外援助的增加与公众对此的理解与信任并未同步增长。

从外部世界来看，情况更加复杂。早年中国经济发展处于起步阶段，在对外援助方面缺乏足够资源投入，我们听到的指责主要是中国承担份额太小，对其他国家援助不够之类，但最近这一二十年，随着中国成为世界第二大经济体和第二大军费开支国之后，抨击的矛头转向各式各样的"威胁论""担忧论"，抨击不仅来自传统的西方列强和某些肆意炒作的西方媒体智库，也有一些出自周边地区和接受中国援助的其他地区国家。例如，指责中国的援助造成一些落后国家陷入无法偿还的"债务陷阱"，中国援建的工程项目损害了受援国的生态

环境，中国人承包及实施外援的过程未按照国际标准招投标、缺乏透明度、易滋生腐败、劳工待遇差，等等；西方一些传统大国更以己度人，指控中国搞"新殖民主义"，出于地缘政治经济考量建立自己的势力范围，总之把中国不断增加的国际援助与责任担当，刻画成一个与国际惯例格格不入的、对国际体系带来破损效应的扩张性大国策略手法。

不能低估内外这两大类不同性质的怀疑与批评，它们常使决策部门用意良好的对外援助和国际承诺事倍功半，既制约了政府外援的可持续性，也伤害了中国的国际形象。如果没有切实的改进措施和有针对性的应对，未来有关中国国际责任的担忧与批评只会有增无减。尤其在当下的特殊情势下，全球疫情还在蔓延，一些国家和地区的危机可能加剧（譬如出现医疗物资荒及粮荒），一些国际组织和国家或许要求中国提供更多的援助和"担当"。

三、对赢得国内民众支持、破解外部压力的两点建议

怎样把好事做好，赢得国内民众更大的信任与支持，破解外部形形色色的"担忧论""威胁论"，是研究者和有关部门需要共同努力、创新思考、统筹布局的一件大事。

第一，须全面地解说国际责任、国际担当、国际援助等概念，把它贯穿到实际工作中。当前，针对国外某些别有用心势力的图谋，决策层应把相关讨论和媒体发表的关注点，从单向的疫情、疫源、疫责方向，引导扩展至全方位的对外援助、国际组织会费、国际公共产品等范畴。我们不能被外部各种别有用心、乱七八糟的所谓"追责"和"查源"牵着话题走，撞击反射式地疲于应付，而应该首先明确认识，统筹协调，在多方参与、科学界定、完整理解的基础上，开展有理有

力有节的反击斗争。应主动向世界卫生组织和联合国下有信誉的国际平台倡议，开展全球范围的疫情源头追溯、有关传染病学的共同科研行动，学会利用中国提供的会费和追加的专项费用，加强中国倡议的影响力。以往我们有关部门虽对国际组织提供的经费支持力度比较大，但协调各方提出动议，通过决议形成规则的能力却较弱，在几乎所有重要的国际组织里，中国都是重要的出资方，但很难说是重要的倡议发起国和规则制订者。此次在全球范围的抗疫斗争中，国内有关部门应争取有所改进。另外，考虑到全球新冠肺炎疫情的严重性、长期性、不确定性，我们应对几年来实施"一带一路"倡议及相关政策保障（包括外援）做出适当调整，以全球抗疫斗争的进展和中国发挥作用作为切入点，对"一带一路"各个方向的轻重缓急重新进行战略布局。

第二，努力使相关决策更加科学、合理、明晰，主动回应公众关切，做好增信释疑工作。应该说，目前中国政府对外援助的总量、承担国际组织会费的份额等，不仅体现了中国秉持人类命运共同体的理念，反映作为一个新兴大国的必要权力与利益，也是现有综合国力完全可以承受的，与世界主要国家对外援助与 GDP 之比的对照也是比较温和适度的。公众之所以存在各种疑惑，主要源于对对外援助情况的不知情，以及相关决策缺乏必要的解释与透明度。涉及数量庞大的对外援助、会费和债务减免，都是中国的国民财富，来自各行业的缴税和普通纳税人的贡献，那么，具体数额是怎么确定的，如何实施的，为什么是这样而不是那样，谁在中间发挥关键作用，将来出了问题怎样问责——诸如此类的重大事宜，应该对公众有适度的交代，应该程序透明且依法依规，这也是决策科学化民主化的一种落实和重要体现。在这方面，既要依照国情和既定目标推进，也可适当借鉴国外有益经验。具体来说，一是要有更好的宣传解释，把中国承担的国际责任，多角度多方位多层次向社会公众呈现，向国际社会展示更加丰富多彩的中国负责任大国形象；二是决策部门要定期以白皮书、专题咨询、信息通报、记者会等多种方式，公示援助时间、地点、款项、项目类型、责任人等重要信息，保证公众和纳税人的知情权和建言渠道，同时便于消解外部的胡乱猜忌与谣言；三是在确定重大援助和会费比例之前，要有更严谨的科学论证程序和问责手段，有对外部需求的严谨细致评估，有专家学者更多参与探讨和不同看法争鸣，有人大、政协等表达咨询和完善外援的平台和机会，最好还有大众媒体的报道传播。

总之，在复杂多变的国际政治风云下，关键还是把我们自己的事情办好。只要中国在改革、发展、稳定的路上继续前行，中国的国际贡献一定会越来越多，也会越做越好。

金灿荣 中国人民大学甲级 A 岗教授
长江学者特聘教授
中国未来研究会理事长

金君达 中国社会科学院世界经济与政治研究所助理研究员

美国为何没能扛起国际合作抗疫的大旗？

新冠肺炎疫情的暴发是 2020 年一次影响巨大的"黑天鹅"事件。随着中国社会逐渐复工复产，最先暴发大规模疫情的中国有可能率先走出新冠肺炎疫情，成为世界经济复苏的重要引擎。然而，与此同时，世界范围内的疫情却愈演愈烈，截至 6 月底，已经有上千万人被感染，而且有长期化的趋势。

世界疫情发展到今天的规模，与部分欧美国家在病毒扩散期间的表现不无关系。以美国为首的西方国家在 1 月份无视中国、世卫组织、本国专家警告，未对疫情进行先期防范。在国内疫情初露苗头之际，美国官员未从中国疫情初期的艰难处境中吸取教训，反而推诿责任、掩饰疫情，美国甚至发生多名议员一面掩饰疫情一面抛售自持股票的丑闻。自诩"世界领袖"的美国单边切断与中国、欧洲的交通往来，坚持对古巴、伊朗等国进行物资封锁，扣押抗疫物资；而且美国疯狂对外推卸责任，不断对中国、世卫组织和医疗专家进行污名化攻击，暂停向世卫组织的官方拨款，成为全球抗疫努力的"破坏者"。

为何美国一意孤行，不愿在全球抗疫合作中发挥积极作用？

一、美国等发达国家因"三大傲慢"错失防疫良机

一些欧美国家对新冠肺炎疫情缺乏足够重视，在疫情蔓延后应对慌乱，更无暇进行合作抗疫。在疫情初期，部分国家出现了针对华人甚至亚裔的种族主义风潮，包括美国在内的少数国家出现了殴打辱骂华人的恶劣事件。2月3日，美国《华尔街日报》一篇文章则声称中国是"真正的东亚病夫"。这些丑陋现象与民众对未知病毒的恐慌情绪有一定关联，但集中体现出西方从政府到社会的三种傲慢。

首先是种族傲慢。疫情初期，新冠病毒被认为是"黄种人病毒"，美国亚裔民众因为戴口罩还遇到了辱骂攻击。其次是文化傲慢。西方社会的不少人将中国疫情归因于吃野味、不讲卫生，认为欧美人的生活习惯能够有效阻止病毒。在这两种思想的影响下，以美国为首的一些西方国家将病毒包装成"武汉病毒""中国病毒"，用原本应该防疫病毒的时间嘲讽中国。在疫情暴发后，一些种族主义者袭扰华人，甚至有阴谋论者声称中国蓄意传播病毒。第三种是傲慢，也是偏见，在媒体和思想界最为常见。由约翰·霍普金斯大学、《经济学人》杂志和美国核威胁倡议共同评议的《全球卫生安全指数》将美国评为应对传染病能力最强的国家，中国排名仅为第51名。在武汉疫情暴发初期，美国媒体集中批判武汉官员的不作为，"法轮功"旗下的反华媒体将武汉疫情称作中国的"切尔诺贝利时刻"。事实证明，中国做出封城的艰难而果断的决定，有效限制了病毒传播。世卫组织专家艾尔沃德近日称"中国方法是唯一事实证明成功的方法"，并感谢武汉人民为全球控制病毒做出的牺牲。中国的抗疫行动也向世界展现了中国"集中力量办大事"的治理能力，以及领导人以人民为中心的决心。

然而一些西方国家却对此视而不见，转而质疑中国数据可信度，一些政客声称中国"误导"西方国家。在这种偏见影响下，美国自然无法与中国进行合作。

二、民粹政治阻挠国际合作大局

中国的抗疫成果是国际组织、友好国家、华人华侨与中国民众精诚合作的结果。反观美国和其他部分西方国家，不但未能对盟友伸出援手，反而时常发生扣押别国物资的事故，甚至在本国内部与地方政府争夺物资。对于美国而言，反对国际合作已经成为国内的一种"政治正确"。美国自2016年特朗普上台以来表现出鲜明的民粹主义倾向，强调美国利益优先，颠覆了美国传统上奉行的多边外交政策。结合特朗普政府以往的反全球化政策来看，美国不愿领导全球抗疫合作也就不足为怪。

首先，特朗普治下的美国在涉外政策上极端利己，甚至对欧盟、日本等传统盟友发动贸易战，威逼盟友支付美国军事开支。本次欧洲疫情发酵之际，美国单方面宣布对欧洲停航，令欧洲国家措手不及。此外美国也被曝出多次扣押盟友亟需的医疗物资，包括日本的试剂盒，这种强盗行为已经没有全球领袖的风度。

其次，美国曾经是国际组织的重要支持者，但在近年来退出巴黎协议、伊朗核协议和联合国教科文组织等国际机制，对国际合作采取无利可图就"掀桌子"的功利态度。在世界贸易组织等重大国际机制上，美国面临多方面要求组织改革的压力，采取的对策却是拉拢盟友另起炉灶；特朗普政府的部分政客试图拉拢欧洲、日本重新定义贸易规则，将中国排除在外。近期，美国国务卿蓬佩奥公然宣称世卫组织拿了美国纳税人的钱就应该为美国利益服务，美国部分议员要求世卫组织撤换总干事谭德塞博士，这与特朗普政府对国际组织的策略一脉相承。

最后，特朗普政府治下的美国惯于以所谓"极限施压"的策略攫取利益。作为一位擅长煽动选民的"推特总统"，特朗普本人频繁在社交媒体上操纵舆论，凭空制造筹码。其在2020年3月中旬反复将新冠病毒称为"武汉病毒"，完全无视自己先前对中国抗疫工作的称赞；在与习近平主席通话前一天，特朗普还签署《台湾友邦国际保护及加强倡议法案》，向中国方面挑衅。特朗普政府出尔反尔、毫无信用的态度与其在贸易战期间反复挑衅是一以贯之的，这种态度对国际互信、国际合作有百害而无一益。

究其根源，美国社会已经进入一个反全球化的时期，特朗普的所作所为都是为了迎合选民、党内政客和反对全球化的利益集团。美国曾经是全球化的主要倡导者，在经济领域鼓吹"华盛顿共识"，要求发展中国家取消贸易壁垒、开放市场；在政治领域推广其"普世价值"，要求发展中国家遵守欧美主导的国际规则。但随着美国国力相对下降，国内种族、贫富、意识形态矛盾无法调和，美国国内开始出现愈演愈烈的民粹排外情绪。2008年的次贷危机对美国许多民众的生活造成严重冲击，美国社会要求加强对华尔街金融家监管的声音空前高涨，但以"我们能够改变"口号上台的奥巴马总统最终未能限制华尔街。政府的无作为强化了美国民众的反精英情绪，在2011年出现了"占领华尔街"事件。与此同时，美国左派的身份政治又与右派的种族主义激烈交锋，政治立场右倾的南方保守派成为民粹主义的急先锋。民粹活动家声称，东西海岸大城市里的政商精英、跨国企业将工作机会交给外国，致使本国人民失去工作。美国国内向来充斥着大量阴谋论者和民间活动家，他们开始将"全球主义者"（globalist）包装为美国的"人民公敌"。

三、民粹主义抬头背景下的"选举为王"限制了美领导世界的意愿和能力

民粹主义有时能够通过合理的政治制度设计加以制约。遗憾的是，在社会矛盾激化和信息爆炸的大背景下，美国选举制度与民粹主义相互作用，进一步破坏美国政策的连续性，限制美国政治家进行战略布局的能力。美国两大党派通过竞选轮流执政，传统上这种政治安排对于限制滥权腐败具有积极意义。但选举政治也会带来一些弊端，领导人政策围绕着选民的善变情绪制定，只顾短期回报，不利于美国的长期利益。以特朗普"退群"为例，美国退出国际组织影响了美国的国际形象、参与国际协作的机会以及参与制定国际规则的能力，从长期看是对美国不利的。但美国民众认为国际组织做出不利于美国的决定，应该被"惩罚"，于是特朗普敢于"退群"。

近年的美国选举政治又带来了一个新的危险：政治极端化。以往的美国政客为了争取多数人的支持，避免两党媒体的猛烈批评，在执政上倾向温和。随着美国社会矛盾不可调和，国内意识形态空前分裂，两党之间的隔阂无法通过澄清事实来解决。以特朗普为首的政客发现，正确的竞选策略不是争取大多数人，而是用极端言论、激进政策取悦40%左右的"死忠"，对剩下人群的批评置之不理。2016年的美国选举中，特朗普通过社交媒体创造话题、调动选民的民粹主义情绪，让共和党凭借高投票率和摇摆州的胜利赢得选举。特朗普声称非法移民和"不公正贸易""偷走"美国人的工作，又声称美国加入的一系列国际组织、条约"不符合美国利益"；他在当选总统后兑现诺言，开启一系列贸易战，退出"不符合美国利益"的国际合作机制。特朗普的这些政策遭到了民主党和左翼媒体的激烈批评，但获得了

90%以上"死忠"支持者的认可。于是无论是"退群"、打压盟友还是贸易战，美国国内的批评声音铺天盖地，但都不足以动摇特朗普的执政地位。

此次疫情中，特朗普在国内仍然面临民主党的抨击，并且面临年底总统大选的压力。虽然特朗普政府的错误决定和不作为造成了严重后果，但只要发表"甩锅论"抨击中国、世卫组织和民主党，就能够获得"死忠"的支持；相比之下，抗疫不但难度更大，而且抗疫重点纽约、加州等地都是民主党的地盘，即使成功抗疫也无助于特朗普选举。在"死忠"选民的鼓励下，特朗普和共和党自然全力推行"以邻为壑"的外交政策，以制造矛盾转移媒体和反对党对自身抗疫不力的质疑。更有甚者，特朗普女婿库什纳公开拒绝把联邦口罩分给州政府，民主党治下的多个州不得不通过州际"同盟"、私自采购医疗器械抗疫。美国连内部都无法团结抗疫，就更不要说领导世界了。

四、美国反华政策阻碍全球合作

美国社会各界在突发事件后会给"战时总统"较大支持，"9·11"之后的小布什、新冠肺炎疫情初期的特朗普都获得了较高的支持率。事实上，如果特朗普此时决定与中国和国际社会合作，凭借其团队的强大社交媒体宣传能力，有一定机会压制国内反对声音、力排众议推动联合抗疫。中国的医疗物资生产能力能够有效缓解美国疫情，中国的医疗经验与美国的雄厚科研资源也可以互补抗疫，这既有利于巩固资本对美国市场的信心，也可拯救大量美国民众的生命。但美方目前已经被反华意识形态冲昏头脑，不具备抛弃成见、领导抗疫的大国气度。

武汉疫情暴发之际，美国商务部长罗斯对疫情幸灾乐祸，认为中国的新冠肺炎疫情有助于工作机会回流美国,这种卑劣的言论就连右翼媒体福克斯的主持人也认为不妥。罗斯的言论反映了美国部分政客当前的偏执心态,只要能够打击中国,即使自然灾害也是美国的"助力"。面对本国疫情不断蔓延、州与联邦之间无力协调、防疫机构失误连连、海军舰船大面积染疫的情况,美国首先想到的是"甩锅"给中国,将抗疫变成政治谈判的筹码。多名议员声称中国必须做出赔偿,佛罗里达的一家律师事务所已经在美国发起诉讼,要求中方赔款。美国政客盯住中国持有的大量美国国债,鼓吹美国应拒绝偿还债务。特朗普等政客在公开场合使用污名化的病毒名称,国务卿蓬佩奥坚持要将这一名称写入七国集团(G7)联合声明。这一行为引起英、法等国效仿,形成一股"中国赎罪论"的国际风潮,破坏中国与其他国家的抗疫合作。美国知识界也有部分人认为美国应展现全球领导力,但其出发点大多为"抗衡中国影响力",其政策的破坏性强于建设性。例如美方不断炒作中国支援国际抗疫的目的性、中国抗疫物资的质量,自己又不能提供抗疫物资,放任病毒在欧洲等地肆虐。

究其根本,美国战略界对国家相对衰退的忧虑不断加深。美国仍然拥有无可争议的军事、金融、话语霸权,但随着中国经济迅速发展,美国近年来对中国的敌意不断上升:小布什上任初期就在南海频繁挑衅,奥巴马也反复强调美国仍将继续领导世界,鼓吹使用"巧实力""重返亚太"战略抗衡中国与日俱增的影响力。到了特朗普时期,凭借着民粹主义浪潮和特朗普没有政治人脉的弱点,以前一些极端政客,如纳瓦罗、班农等都进入决策层,这极大加剧了美国的排华情绪。与此同时,美国两党逐渐达成反华的共识,两党议员都争相成为反华急先锋,如民主党的佩洛西,共和党的汤姆·科顿、林赛·格雷汉姆、马尔科·卢比奥等。2017年底和2018年初,美国多份国防文件将大国竞争（big power competition）称为美国头号威胁，并认为中国是美国长期而言最大的威胁。在这种思想影响下，美国战略界出现"中美脱钩"论，该理论成为阻挠中美合作的主要障碍。在战略焦虑的影响下，班农等反华人士看见中国的抗疫成果，想到的不是学习、合作，而是加速围堵中国，自然不愿积极抗击新冠肺炎疫情了。

结语：美国的缺失需要世界各国共同弥补

美国抗拒合作的态度为世界联合抗疫制造了不少困难，但国际抗疫不是天然需要美国领导。随着病毒向印度、非洲、拉美延伸，新冠肺炎疫情很可能长期化；面对严峻的抗疫形势，世界各国应吸取美国的教训，避免让种族主义和意识形态成为阻挠抗疫的绊脚石。

第一，各国需要做好长期与病毒共存的准备。当前不少国家都面临巨大的经济压力，无法继续支撑人员停工、行业停摆的高强度抗疫。长时间的经济停摆可能彻底破坏全球化的经济基础，对协作抗疫带来巨大负面影响。在这种情况下，各国应探索适合自身国情的防疫制度，加强跨国协调，维护抗疫成果。

第二，中国在国际抗疫中的作用至关重要。如果将新冠病毒比作一场世界大战，中国需要向二战时期的美国一样，成为世界各国的"兵工厂"。除医疗物资外，中国的抗疫经验，如《新型冠状病毒肺炎诊疗方案》可供世界各国参考。目前中国面临的外部环境十分复杂，大量国家鼓吹"中国赎罪论"，炒作中国医疗产品质量问题，甚至跟随美国向中国索赔；外部的负面环境也激起了中国民间的民族主义情绪。尽管如此，中国仍有必要在海外积极防御病毒，尤其是帮助周边国家、"一带一路"沿线国家抗疫，减轻疫情对中国外向型经济的负面冲击。中国应在抗疫同时积极联合友好国家，倡议将新冠病毒

"去政治化",提倡基于人道主义的国际合作。同时我国应着重突出文化外交,高调宣传中国的善意,强调"地球村"各国同舟共济的合作关系,与欧美抹黑中国的声音进行积极、坚决的斗争。

第三,全球抗疫需要世界各国的共同参与。美国停止对 WHO 拨款后,沙特、英国、欧盟等提供了大量资金援助,显示了世界其他国家对联合抗疫的积极态度;欧盟在经历了疫情初期的不作为后,此时尤其有动机参与国际合作,弥补受损的国际形象。包括中国在内,世界各国应相信、支持世卫组织的专家们,利用这一国际框架进行国际协调,共同支援可能陷入人道主义危机的第三世界国家。当前,病毒起源已经成为阴谋论者借题发挥的主要话题,成为"中国赎罪论"等破坏性言论的温床。在抗击疫情之余,世界各国应在世卫组织的领导下彻查病毒起源和演变过程,以客观、科学的方式评价人类在面对新冠病毒时的表现。

第四,区域化可能是全球化的出路,疫情之后的世界可能出现多个领导者,美国一家独大的时代离我们渐行渐远。亚洲国家在抗疫方面表现相对较好,中国大陆、韩国从疫情中逐渐恢复,领导人也获得了民间的较高肯定;其他国家和地区存在风险,但疫情发展相对平缓,社会秩序未受到根本破坏。面对欧洲、美国和第三世界的疫情,亚洲国家应加强区域内合作,通过率先恢复经济避免全球性经济危机,同时为其他地区提供可持续的医疗支援。虽然美国未能承担领导者责任,但世界各国以区域为主体的自救有可能提供一种新的危机应对模式。

达	国际关系学院校长助理
巍	国际战略与安全研究中心主任
	教授，博士生导师

新冠肺炎疫情的暴发凸显
总体国家安全观的重要性

新冠肺炎疫情在全球蔓延至今，显然早已不是单纯的公共卫生问题，而成为人类历史上罕见的宏大安全事件。由于这一事态在功能领域上涉及政治、经济、社会、公共卫生等诸多问题，在地理范围上则无远弗届、席卷全球，在发展进程上仍在不断刷新我们的认知边界，且至今终局难测，因此亟需宏观的安全理论才能概括解释。

2014 年 4 月 15 日，中共中央总书记习近平在主持召开中央国家安全委员会第一次会议时首次提出坚持总体国家安全观的思想，此后这一思想不断得到充实和发展，2017 年 10 月召开的中共十九大把"坚持总体国家安全观"[①] 纳入新时代坚持和发展中国特色社会主义的基本方略之中。作为中国共产党提出的安全思想，总体国家安全观视野宏大，内涵丰实。一方面，总体国家安全观可为我们更好地理解新冠肺炎疫情为人类带来的安全挑战提供理论框架；另一方面，新冠肺炎疫情的冲击又可能为我们更加深入地理解、完善和发展总体国家

---

① 党的十九大报告指出，坚持总体国家安全观，必须坚持国家利益至上，以人民安全为宗旨，以政治安全为根本，统筹外部安全和内部安全、国土安全和国民安全、传统安全和非传统安全、自身安全和共同安全，完善国家安全制度体系，加强国家安全能力建设，坚决维护国家主权、安全、发展利益。

安全观提供契机。具体来说，新冠肺炎疫情有助于我们至少在如下六个方面更深入地理解和发展总体国家安全观。

一、人类安全挑战不断发展，国家安全思想需要与时俱进

总体国家安全观本身就是一个不断发展、深化和完善的思想体系。自2014年4月中国领导人提出这一概念后，总体国家安全观的内容不断发展、丰富、调整。此次新冠肺炎疫情再次带动了总体国家安全观的发展。2020年2月14日，习近平总书记在中央全面深化改革委员会第十二次会议上发表讲话，指出"要从保护人民健康、保障国家安全、维护国家长治久安的高度，把生物安全纳入国家安全体系，系统规划国家生物安全风险防控和治理体系建设，全面提高国家生物安全治理能力。要尽快推动出台生物安全法，加快构建国家生物安全法律法规体系、制度保障体系"。这是总体国家安全观在抗击新冠肺炎疫情的实践中取得的新发展。过去人们在讨论总体国家安全观时，经常将国家安全表述为包含11种安全的体系，即"政治安全、国土安全、军事安全、经济安全、文化安全、社会安全、科技安全、信息安全、生态安全、资源安全、核安全等"。经过新冠肺炎疫情的冲击，"生物安全"已经成为总体国家安全观的题中应有之意。

根据世界卫生组织和联合国粮农组织对生物安全的定义，生物安全是分析和管理人类、动物和植物的生命、健康以及环境所面临风险的一种战略和综合举措，包括食物安全、人畜共患病、动植物病虫害、生物技术及基因改造活生物体及其产品（例如转基因产品）的传入和释放，以及外来入侵物种的传入和管理等。因此，生物安全是一个横跨农业可持续性、公共卫生和环境保护等多个领域的概念。实验室生物安全、生物武器及生物恐怖主义、地区或全球性流行病、生物技术滥用、外来物种入侵等问题都是当前国际学术界关注的重要问题。联合国安理会早在 2000 年就已经将艾滋病纳入安全议题讨论。可以想象，新冠肺炎疫情之后，全球流行性疾病作为一种安全问题的重要性将进一步凸显，有可能成为世界范围内最重要的安全议题之一。

一些大国或发达国家在对生物安全问题的认识上走在了中国前面。美国、俄罗斯都曾经出台过专门的生物安全战略文件，如美国政府就曾经发布过《国家生物防卫战略》和《全球卫生安全战略等》，英、法、日等国也曾围绕生物安全问题制定规划、出台文件。其他国家对生物安全的研究值得中国学术界高度重视。例如，美国将生物安全划分为有意识造成的威胁、无意识造成的威胁、自然发生的威胁三类。这一分类方法比较清晰合理。新冠肺炎疫情显然属于自然发生的生物安全威胁。运用这样一种分类方法，实际上也有助于我们从理论层面厘清疫情的性质与所谓"责任"等热点问题。

二、既要重视传统安全，又要重视非传统安全，但当前应当特别重视非传统安全

习近平总书记指出，贯彻总体国家安全观，既要重视传统安全，也要重视非传统安全。中国一贯比较重视传统安全威胁，鉴于疫情形势严峻，在这两者并重的同时，我们当前应当特别重视非传统安全威胁。冷战结束以来，国家安全威胁来源呈现多样化趋势，非传统安全问题日益突出。对于传统安全与非传统安全的分类，学术界有不同的标准，主要按照威胁的主体、客体、手段来划分。其中，按照安全威胁的主体来划分是一种比较清晰有效、得到国际学术界广泛承认的划分标准。这种观点认为，传统安全是国家行为体制造安全威胁而引发

的问题，非传统安全则是非国家行为体制造的安全问题。也就是说，威胁是不是来自一个国家行为体，是区分传统与非传统安全威胁的标准。

此次的新冠肺炎疫情和"9·11"事件以及 2008 年金融危机可并称为 21 世纪以来的三次重大危机。从威胁来源看，"9·11"事件是恐怖分子策划的，并非国家行为体制造的威胁；2008 年金融危机则源于美国资本主义经济模式的内生问题，并非有意制造，也不是国家行为体的主观行为。而此次新冠病毒则很可能来自某种我们仍不能完全确认的动物，疫情传播扩散出自人类故意行动的可能性极低。因此，21 世纪这三次重大安全事件都是非传统安全威胁。尽管如此，世界各国仍然普遍高度重视传统安全威胁。国家领土主权争端、军事冲突、大国博弈等议题长期占据着国家决策者和安全研究者的日程，人类社会对非传统安全的重视程度远远不够。2003 年，中国和世界其他 30 多个国家、地区都曾经经历过"非典"疫情的严重危机。相关国家对公共卫生安全不可谓不重视。东亚部分国家和地区应对此次疫情相对比较成功，也与这些国家、地区的政府与人民的"非典"经历有关。但尽管如此，新冠肺炎疫情仍然在全球造成了严重的冲击，因此这是一次典型的"灰犀牛"事件：人们明明知道有可能发生重大危机，却未能有效地认识到其严重程度，这一教训不可谓不沉痛！

三、既要重视本土安全，又要重视共同安全，但当前应当特别重视全球共同安全

安全威胁既有全球性、跨国性威胁，也有各国自己独有的威胁。习近平总书记指出，贯彻总体国家安全观，既要重视本土安全，又要重视共同安全。一直以来，各国普遍高度重视本土安全、独有安全，鉴于当前新冠肺炎疫情的特点,在两者并重的同时,我们现在要特别强调重视安全问题的跨国性与全球性。21世纪的前两次重大危机——"9·11"事件和2008年国际金融危机的"震中"都是美国。两次事件对其他国家和地区也有影响,但主要是余波、余震。此次新冠肺炎疫情在很短的时间内就在东亚、北美、西欧这三大世界经济中心几乎同时暴发,形成三个"震中",未来不排除还会有新的"震中"出现,这是史无前例的安全威胁形态。目前,疫情已蔓延至全球近200个国家和地区。从北极圈到太平洋深处的岛国,没有任何一个角落幸免。全球至少一半人口处于在家"禁足"状态。即便像中国这样本土新增案例已经极少的国家,为了防止境外输入和二次暴发,防疫抗疫的管制措施仍在持续。也就是说,中国虽然在国境内基本阻断了疫情发展,但我们仍在与全球范围内的疫情共存。新冠肺炎疫情切切实实表明,人类是一个命运共同体,任何国家都不能独善其身。没有一个国家可以独自宣布抗疫的胜利。在特效药或疫苗研发成功并广泛使用之前,人类可能不得不与病毒共存。有专家认为,疫苗和特效药推广可能至少需要12—18个月,甚至有可能要36个月。因此,新冠肺炎疫情和很多其他重大全球性安全问题一样,没有一个国家的单独解决方案。

新冠肺炎疫情与21世纪前两次危机不同。"9·11"事件和2008年国际金融危机都是重大国际危机,而此次新冠肺炎疫情则是人类首次全球危机。这次危机不仅是各个国家或者各国之间的危机,更是作为一个整体的人类或者全球所面对的危机。即便是同为公共卫生危机,100年前的"西班牙流感"也没有达到"全球无死角"的程度。有人将新冠肺炎疫情与一战、二战相提并论。如果一定要用战争类比,那么新冠肺炎疫情不是国家之间的第三次世界大战,而是首次人类与病毒这个人类公敌之间的"全球战争"。这样的危机我们只在《传染病》《后天》《流浪地球》等电影中见到过。也因此，有专家将此次新冠肺炎疫情视为未来气候变化可能引发的全球重大危机的一次预演。我们今天如何应对首次全球危机，将在很大程度上决定我们未来是否能够阻止或者有效应对下一场全球危机。

四、人类社会高度相互依存的条件下，要高度重视安全威胁的叠加放大效应

与1918—1920年"西班牙流感"、中世纪黑死病等大型疫情不同，新冠肺炎疫情是在高度全球化、各国高度相互依存的现代社会条件下暴发的。这就导致了全球范围内各类效应相互叠加、快速传播，造成难以预测的"蝴蝶效应"。当疫情在中国肆虐时，很快就造成了韩国的通用汽车工厂停工、美国的苹果手机断供。但是即便疫情造成的经济社会效应开始扩散，我们在几个月前仍然无法想象此后几个月形势发展的迅速和深刻。当中国疫情趋稳，各地开始复工复产时，我们需要面对发达国家市场的停摆和需求的快速下降；当美国疫情与总统选举政治周期叠加时，会导致"甩锅"盛行、中美关系快速恶化。新冠肺炎疫情已经严重冲击了各国的政治、经济和社会，形成了"易燃"的空气。在这样的背景下，一旦有什么火星，例如一次重大网络安全事件，或者在热点地区的擦枪走火等，都可能造成极大的影响和破坏。总之，一国的事态发展将可能在遥远的地区、不直接相关的领域里掀起滔天巨浪。疫情会影响民情社情，民情社情会影响政情，各国政情则可能影响全球态势。此外，如果疫情再有二次、三次暴发，这种"易燃性"恐怕还将呈指数级增长。因此有专家警告，从世界范围看，人类目前感受到的政治、经济和社会冲击仍只是冰山一角。在应对当代全球危机时，我们必须避免简单线性思维，理解在这种高度相互依存条件下的危机，其冲击可能是网络状的，量级则可能是指数级的。

五、中美关系仍然是影响人类应对全球危机的核心要素

显然，全球危机需要全球应对。没有任何一个国家可以单独赢得这场全球"战争"。美欧疫情不息，发展中国家警报不除，中国就无法独善其身。在此次疫情当中，中国和美国作为世界两大经济体，作为疫情首先暴发的国家和受疫情冲击最严重的国家，本来有必要、有责任、也有能力携手应对疫情，并协助其他国家、特别是发展中国家防疫抗疫。过去几年，常有中美关系领域的专家开玩笑说，中美关系很难再回到过去以合作面为主的状态，除非有外星人入侵地球。今天，"外星人"已经来了，这就是新型冠状病毒。遗憾的是，中美关系在过去三年经历了"贸易战"等情势，两国之间已经产生比较严重的对立气氛。这导致在新冠肺炎疫情暴发后，中美两国不但未能有效携手，反而进一步恶化了两国关系。两国民间彼此的不信任、怨恨甚至愤怒情绪进一步增长。如果任由这种负面趋势延续，新冠肺炎疫情可能成为将中美两国彻底推入"新冷战"的最后一根稻草，对两国和全世界的防疫、抗疫当然也没有任何好处。

2017年12月，特朗普政府出台《国家安全战略》报告，将中国定位为"战略竞争者""修正主义国家"。此后中美关系经历了严峻的两年。2020年1月，中美经贸第一阶段协议的签订，本来缓和了中美关系快速下行的趋势，但是新冠肺炎疫情的出现导致中美关系再次快速下行。疫情暴发后，有些美国官员认为此事与美国关系不大，只是中国的麻烦；有些高官甚至表达出要利用疫情推动美企回国的言论。在这样的背景下，中美官方和民间对立情绪迅速上升，围绕疫情的矛盾迅速政治化。美国政府则开始系统地、有计划地对中国进行攻击。一是发动舆论战与信息战，试图将中国政府污名化；二是煽动美国民间厌华、反华情绪；三是为中美两国人文交流制造更大障碍；四是试图为全球产业链调整提供更大的正当性（虽然很困难，要取决于疫情持续多长时间），特别是医疗产业；五是试图与中国打"法律战"，向中国追责、索赔，恶化中国形象，破坏中美关系；六是攻击世界卫生组织（WHO），破坏国际公共卫生治理机制，对全球治理机制构成进一步挑战。

应当说，此次全球应对新冠肺炎疫情不力，与美国政府的上述行为有着密切的关系。中国是大规模暴发新冠疫情的第一个国家，美国则是迄今为止疫情最为严重的国家。两国作为世界前两大经济体，也分别是最大的发达国家和发展中国家，中美关系的恶化，严重地影响了全球更好地抗击疫情。因此，我们在重视非传统安全问题时，需要认识到，传统安全问题与非传统安全问题的辩证关系：传统安全矛盾突出，会严重影响我们应对非传统安全问题的能力。同时，如果中美这样的大国能够有效地携手应对非传统安全问题，则不失为缓解传统安全矛盾的有效路径。

六、如何妥善处理"安全化"问题，考验各国政府和民众智慧

人类社会总是面临着各种问题。究竟什么问题是一个"国家安全问题"或者"国际安全问题"，很难回答。国际安全理论中的哥本哈根学派提出了"安全化"的概念。这一学派认为，安全问题是人为建构和选择的过程。把一个问题提升为安全问题，也就是安全化是一个政治议程。安全化如果不够，也就是被视作安全问题的问题太少，可

能意味着漏掉重大安全威胁，国家安全必然面临损失。因此，现在世界各国都将越来越多的问题纳入了安全问题的范围。但是一个问题一旦纳入安全议程，必然意味着要投入更多的政治经济社会资源；安全化如果过度，意味着安全的社会成本加大，有限的资源大饼被摊薄，可能又不利于应对真正重要的安全威胁。总之，如何科学而精确地确定安全问题，是一个巨大的挑战。

当前世界各国面临的新冠肺炎疫情在多大程度上、多长时间内是一个安全问题，在各国可能有着不同的答案。一般来说，东亚国家对疫情的安全化程度较高，愿意为应对这样的疫情付出较高的经济社会成本。即便如此，在控制疫情与复工复产之间仍然面临非常困难的决择。相比之下，欧美国家则对将疫情安全化的接受度较低。在美国政府要求民众保持"社交距离"，经济社会停摆之后，不仅美国民众执行的力度较弱，而且美国政府很快就开始面临"解禁"的压力。在美国疫情仍然严峻的情况下，这样的举措很可能又将造成疫情的反弹。

习近平总书记指出，我们既要重视发展问题，又要重视安全问题，发展是安全的基础，安全是发展的条件。新冠肺炎疫情说明，把握安全与发展的关系并不是一件容易的事。当然，各国有各国的传统，也有各国的国情。各个国家应当探索出一条适合自己的应对路径，在安全和发展之间找到一个恰当的平衡点。在这个过程中，各国之间应彼此理解、彼此包容，同时也应相互借鉴、相互学习。

赵可金 清华大学社会科学学院教授

重构权威体系是疫情大考的关键所在

2020 年的新冠肺炎疫情席卷全球,对整个世界形成了巨大冲击,从其影响力所及来看,称之为 21 世纪发生的一次真正全球意义上的大危机当不为过。面对冲击,世界各国做出什么样的回应,决定着疫情治理的成败。疫情冲击在性质上不是病毒治理的医学问题,而是权力回应的政治问题。如何重构权威体系,是疫情大考的关键所在。从各国应对疫情冲击的治理策略来看,均要求各国都重构权威基础,加快补齐治理体系的短板和弱项,为保障人民生命安全和身体健康筑牢制度防线。

一、疫情冲击的本质是权威重构

毫无疑问,对于疫情冲击的本质问题的回答存在着很多视角。经济学家倾向于关注这一疫情的经济后果,社会学家则更关注社会结构及其性质的变化,心理学家流连于疫情冲击对社会心理造成的负面影响及其康复方案,政治学家则集中于疫情对政治秩序的影响及其可能发生的政治变革问题。不可否认,所有这些视角都有着各自的意义,也都有其重要价值。然而,从其对整个人类文明的影响角度来看,新冠肺炎疫情从根本上并不是一个医疗卫生问题，而是一个社会政治问题。表面看来，新冠肺炎疫情产生于人类并不熟悉的新生病毒，但实际上这一病毒如果离开了人体或者宽泛意义上的动物载体则无所作为。病毒的真正危害是借助人体发起对人类生命健康的挑战，而且是以大规模快速传染的方式发起的致命性挑战的形式出现。简而言之，病毒的危害不仅仅来自病毒本身，而是更大程度上来自于人体和人类社会，病毒只是借助于袭击人类社会的薄弱环节从而制造出了巨大的社会恐慌和秩序失控。因此，疫情冲击在本质上并非一个流行病问题（Pandemic Shock），而是一个危机之下的社会恐慌问题（Panic Shock），而应对这一挑战和冲击的关键取决于政治权力的回应方式与策略，因而本质上是一个人类社会的政治学问题。

新冠肺炎疫情是一场真正意义上的全球卫生危机。2020年1月30日晚，世界卫生组织宣布将新型冠状病毒疫情列为国际关注的突发公共卫生事件，并于3月11日宣布此次新冠肺炎疫情经评估可定性为"大流行"（pandemic）。面对疫情危机，各国推出了不同的危机治理策略。从世界范围内来看，普遍的做法是宣布进入国家紧急状态。自意大利政府1月31日宣布进入为期6个月的紧急状态后，截止到5月1日，世界上有超过140多个国家宣布进入国家（卫生）紧急状态或采取紧急状态措施，成为"二战"后全球首次大面积启动紧急状态法律制度的重大实践。其中，法国、韩国分别为"战时状态""战争状态"，均强调在一定范围和时间内采取特殊的紧急法律限制。

疫情冲击对国家治理的影响来看，在世界卫生组织宣布将新冠肺炎疫情列入国际关注的突发公共卫生事件以后，根据国家是否宣布进入紧急状态，可以将世界上的近200个国家的治理策略区分为紧急状态策略和非紧急状态策略。然而，仅此还不足以更精准地理解各国的抗疫策略的差异及其效果。在是否宣布进入紧急状态的基础上，按照是否通过封国（National Lockdown）切断国际联系和是否通过封城（City Lockdown）切断国内联系两个指标，将世界上所有国家的抗疫策略分为局部封城、局部封国、全面封国、群体免疫四种类型（如图所示）。

各国应对疫情的策略

国际＼国内	封城	不封城
封国	意大利、捷克、西班牙、拉脱维亚、乌克兰、波兰、比利时、法国、德国、瑞士、奥地利、匈牙利、葡萄牙、塞尔维亚、芬兰、萨尔瓦多、洪都拉斯、哥斯达黎加、苏丹、黎巴嫩、科威特、约旦、菲律宾等	朝鲜、越南、新加坡、尼泊尔、印度、俄罗斯（3月28日前）、哈萨克斯坦、吉尔吉斯斯坦、爱沙尼亚、斯洛伐克、塞浦路斯、以色列、澳大利亚、新西兰、加拿大、巴拿马、秘鲁、洪都拉斯、哥伦比亚、阿根廷、利比亚、吉布提、科特迪瓦、南非
不封国	中国（3月28日前）、韩国、土耳其、立陶宛、摩尔多瓦、保加利亚、罗马尼亚、纳米比亚、斯威士兰、亚美尼亚、厄瓜多尔	美国、英国、巴西、日本（4月16日之前），以及其他没有宣布国家紧急状态的国家

二、局部封城策略

以中国（2020年3月28日前）和韩国为主要代表，这一疫情治理策略重视加强统一指挥,加强疫情联防联控和群防群控,全力控制传染源头,切断传播途径,保护易感人群,均取得了比较好的成效,不仅疫情得以控制,经济和社会恢复也比较快,是一种比较有效的疫情防控策略。

在 2020 年初武汉暴发疫情之后,中国采取了局部封城的策略。1月24日,果断关闭离汉通道,对湖北和武汉进行封城,各地启动一级响应机制,重点支持湖北和武汉疫情防控工作,成立了由国务院总理李克强为组长的应对新冠肺炎疫情工作领导小组,完善国务院联防联控机制,并向湖北派驻中央指导组,采取最全面、最严格、最彻底的防控举措,坚决遏制疫情扩散蔓延势头。同时,从全国各地集中资源驰援武汉,派出 340 多支医疗队、4.2 万多名医务人员火线驰援,19 个省区市对口帮扶除武汉以外的 16 个市州,全力控制传染源头,切断传播渠道,保护易感人群,打响了疫情防控的人民战争、总体战、阻击战。经过艰苦努力,到 2020 年 3 月中旬,湖北和武汉疫情防控形势初步实现了稳定局势、扭转局面的目标。直到 3 月 28 日之前,中国政府并未宣布限制出入境等封国措施。随着疫情在世界范围内的蔓延,为防止发生倒灌问题,继意大利、西班牙、法国等国之后,中国也采取了封国措施。3 月 26 日,外交部、国家移民管理局发布公告:自 2020 年 3 月 28 日 0 时起,暂停持有效中国签证、居留许可的外国人入境,意味着中国抗疫进入了局部封国阶段,尤其是随着各地陆续宣布解除一级响应,中国进入封国但不封城的抗疫新阶段。

和中国类似,韩国也采取了局部封城但始终没有封国的举措。在韩国,从 1 月 20 日确诊首个病例至 2 月 18 日,韩国总体上以防堵和抑制社区传播为核心。随着 2 月 19 日至 3 月中旬,"新天地教会"集体感染致疫情暴发,大邱和庆尚北道成"重灾区",韩国对两地进行了严格的封城管控措施。1月20日，韩国发现首个确诊病例后，立即依托保健福祉部和疾病管理本部成立中央防疫对策本部，24小时运转。2月23日，韩国发布最高级红色预警后，又成立了以国务总理为负责人的中央灾难安全对策本部。两个对策本部成为"总指挥"，既保障从中央到地方的"一盘棋"，也以专业医疗人士为核心，协调各方资源。针对疫情高发地区，韩国执政党共同民主党、政府以及青瓦台总统府在2月25日共同决定，对大邱、庆尚北道等"特别管理区"采取最严厉的封锁措施以阻止疫情扩散，尤其是加强集会管理。每位居家隔离者由专人监督，若违反隔离规定，将面临刑事诉讼或罚款。[1] 到3月中下旬，韩国疫情"出现放缓势头"，大邱等地病例增势已到拐点。相比中国，韩国的疫情治理更具针对性，尤其是加强了应急指挥和管理体系。在继2015年中东呼吸综合征疫情后，韩国加大传染病管理体系改革，将韩国疾病管理本部提升为副部级机构，专门负责防疫；并逐步构建完整的诊断、患者管理、应急指挥等体系。在强有力的指挥下，韩国通过加强大规模病毒检测和筛查，建立类似改良版中国的"方舱医院"，使疫情得到基本控制，经济和社会也很快得以恢复。

三、局部封国策略

以印度、俄罗斯（2020年3月28日之前）、朝鲜、越南等国家为代表。对这些国家来说，应对新冠肺炎疫情主要体现为关闭国境和口岸，限制人员出入。这一策略尽管早期效果比较明显，但由于没有切断国内传播链，导致疫情后期上升明显。

---

[1] 曾鼎："没有封城，韩国是怎样控制疫情的"，载《中国经营报》，2020年3月20日，https://baijiahao.baidu.com/s?id=1661618070668555724&wfr=spider&for=pc。

俄罗斯是一个幅员辽阔的大国，疫情防控难度比较大。自世界卫生组织宣布新冠肺炎疫情为国际关注的突发公共卫生事件开始，俄罗斯就采取了限制外国人从中国入境的措施。① 自2月4日起，俄罗斯政府宣布限制外国人从中国经空港口岸入境，部分外国公民只能从首都谢列梅捷沃机场入境。2月18日，俄罗斯政府进一步发布消息，自莫斯科时间2月20日零时起，俄方临时禁止持工作、私人访问、学习和旅游签证的中国公民入境。自2月19日起，俄方暂停受理、审批和颁发中国公民的工作邀请函和境外中国公民的工作许可，暂停受理、审批和颁发中国公民的私人访问和学习邀请函，暂停向中国公民颁发学习、私人访问和旅游签证。3月16日，俄罗斯政府再次宣布对外国人入境采取临时限制措施，规定自3月18日至5月1日，临时限制外国人入境俄罗斯。3月28日，俄罗斯总理米舒斯京签署命令，俄罗斯自3月30日开始暂时关闭所有边境口岸，以防止新冠病毒在俄境内大规模传播。不难看出，俄罗斯自疫情开始就采取了关闭边境、限制入境、关闭口岸等严厉措施，并成立了由俄罗斯联邦政府总理米舒斯京负责的抗击新冠病毒协调委员会，在西部军区的4个地区组建了专门针对疫情的抗击新冠病毒集群，集合了包括防化医疗、工程宪兵以及空军防空等部队，可为严阵以待。然而，俄罗斯在关闭国境的同时，却没有在国内采取封城措施，对侨民没有关闭国境通道，随着欧洲成为疫情暴发中心，俄罗斯先后从欧洲完成10多万的侨民撤离，地方政府履职不力，对侨民并没有采取严格管控措施，导致成千上万的输入型病例在家接受治疗，没有彻底切断病毒传播链，导致感染人数急剧攀升，疫情形势严峻。直到2020年3月28日，俄罗斯决定在莫斯科等地采取严格的封城措施，但为时已晚，俄罗斯的医疗保障能

---

① 俄罗斯卫星通讯社莫斯科2月4日电。

力已无法满足疫情形势需要，处于十分紧急的状态。4月30日，俄罗斯总理米舒斯京确认感染新型冠状病毒，一些俄罗斯高官也陆续被确诊。

和俄罗斯类似，在疫情暴发后，印度很早就决定实行"封国"政策，是继朝鲜之后又一个因为疫情关闭国门的国家。3月13日，印度决定暂时停止所有外国游客的访印签证，一直持续到4月15日。同时，对于在2月15日之后到达或访问过中国、意大利、伊朗、韩国、法国、西班牙和德国的所有入境旅客，至少需要隔离14天。不过，这一举措并没有阻挡住印度感染者的上升，因为印度在关闭边境后并没有采取封城措施，大量的人口在各个地区流动，没有切断传播链。直到3月19日，印度总理莫迪第一次就新冠肺炎疫情向全国人民发表讲话，宣布在3月22日早7点到晚9点实施全国宵禁。3月24日晚，印度总理莫迪发表电视讲话，宣布从25日凌晨起在全国范围内实施为期21天的封闭措施，规定全民居家隔离，除水电、卫生、市政消防、食品杂货等基本服务外，所有商店、工厂、办公室都从周三开始关闭，地铁停止运营，建筑活动暂停施工，以遏制新冠肺炎疫情蔓延。然而，印度的限制令一度造成了4.7亿农民工陷入混乱之中，疫情蔓延势头仍很猛烈。

四、全面封国策略

以意大利、法国、德国、西班牙、瑞士等欧盟国家为代表，这些国家采取关闭国境、全面封城的举措，是一种最严厉的全面封国举措。这一举措尽管代价很大，但经过一个月多的治理努力后，疫情在欧陆各国表现出控制平稳的势头。

意大利是疫情的欧洲"震中"。1月30日，当世界卫生组织宣布新冠肺炎疫情为国际关注的突发公共卫生事件时，意大利总理孔特立即宣布中断所有往返中国的航班。1月31日，意大利宣布全国进入为期6个月的紧急状态。之后一段时间内，意大利疫情总体平稳，意大利的所有防疫政策都以阻止境外输入病例为重心，对境内几乎没有采取及时的识别和严格的隔离管理。直到2月22日，疫情在经济最繁荣的伦巴第大区瞬间大规模暴发，医疗资源一下面临短缺。3月8日，意大利总理孔特签署抗击疫情紧急法令，该国从3月10日起进入全国"封城"状态，从3月12日起关闭全国除食品店和药店以外的所有商铺，从3月21日起关闭所有公园和其他公共场所。意大利已两次延长"封城"措施，并从全国征调20万医护人员进入疫情重灾区。根据封城令，所有居民不得随意进出城市（除工作、紧急情况或医疗状况），出入城市要提供自述声明。经过一个多月的全面封国、封城，意大利疫情在4月中下旬后开始呈现平稳事态，尽管累计确诊病例仍在上升，但现有确诊病例趋于下降。

和意大利类似，德国、法国、西班牙、瑞士也采取了类似措施，取得了类似的效果。作为处于欧洲心脏地带的瑞士直到3月16日晚宣布进入最高紧急状态。瑞士的做法主要采取的是封城的举措，叫停所有非必要的活动，关闭所有非基本生活保障场所，在全国范围内禁止5人以上的公众聚集，同时在公共场所人与人之间至少要保持2米距离，并敦促居民尽可能多待在家里，主要靠大家自觉，但仍可以合理地出门。同时，瑞士政府拨款100亿瑞郎用于补贴企业和员工的收入损失，并追加320亿瑞郎作为援助资金，定向帮扶受到影响的行业及群体。在最高级别的紧急状况下，和周边德、法、意、奥等国一样，瑞士也宣布了严格的边境封锁措施，原则上只允许瑞士公民和拥有长期居留许可以及在瑞士境内工作的人士入境。来自官方的数据显示，在边境封锁措施实施三天后，已经有1.1万人次被拒绝入境，进出边境的车辆比平时减少了70%左右。① 经过严格管控，瑞士自4月初开始出现现有确诊病例不断下降的趋势。

五、群体免疫策略

以英国、美国、日本和巴西等早期的疫情治理策略为代表，这些国家早期并不采取严格的管控措施，既没有采取关闭国境的措施，也没有采取封城居家的限制令，导致疫情蔓延扩大，成为严重的公共卫生灾难。

相比之下，英国、美国和日本等国家是公共健康绩效评估非常高的国家，不仅有着发达的医疗技术水平，还有着完善的公共健康体系。以英国为例，建立于1948年的英国国家卫生服务制度（National Health Service System，NHS）被公认是世界上最大、最早向全体国民免费提供卫生保健服务的体系。然而，在疫情暴发后，英国政府并没有高度重视，对引以为傲的NHS表现出了过于自信，希望通过一系列的干预措施，将疫情发展的步子减缓，为NHS争取更多时间。3月5日，英国卫生大臣马特·汉考克表示，英国国民医疗体系NHS在处理危机情况时非常"强大有效"。英国首相鲍里斯·约翰逊也表示不会采取包括关闭学校、减少集会等"封城"措施。然而，随着英国感染者数量的上升，NHS表现出了不堪重负的迹象，英国开始提出"群体免疫"的理念。3月12日，英国首相约翰逊宣布，实行群体免疫（herd immunity）的计划，将应对疫情的政策转向"延迟疫情蔓延"阶段。3月13日，英国政府首席科学顾问帕特里克·瓦兰斯表示，将

---

① 聂晓阳，直击最高紧急状态下的瑞士版"封城"，https：//baijiahao.baidu.com/s?id=1661940663540287123&wfr=spider&for=pc。

需要大约60%的英国人口感染新冠病毒以获得"群体免疫力"。对此引发不少人的争议。3月14日，229名来自英国各大学的科学家联名发表公开信，认为政府现行防控策略将对英国国家医疗服务体系造成额外压力，同时对英国政府首席科学官帕特里克·瓦兰斯"让感染扩散以造成群体免疫"的言论提出批评。3月23日，约翰逊发表电视讲话，宣布了包括封锁英国全境三周和居民不允许"非必要"外出等新抗疫政策，被媒体称为"英国式封城"。3月25日，英国王室发表声明称，查尔斯王子新型冠状病毒检测呈阳性。3月27日，英国首相也确诊感染新冠病毒。4月5日，英国女王伊丽莎白二世发表在位68年以来第5次电视特别演讲，集结全国人心，呼吁英国人表现出与前人相同的决心，抗击新冠肺炎疫情带来的破坏与挑战。迄今为止，英国抗疫策略仍然未见实质性成效。

  美国的抗疫策略与英国类似，也经历了从早期比较自信到局势日益恶化的过程。尽管美国没有明确提出"群体免疫"的策略，但除了早期对中国采取了严厉的限制措施和断航之外，基本上没有在社区层面和国家层面采取足够有力的防范措施。直到3月11日晚，美国总统特朗普在白宫发表电视讲话，宣布对欧洲推出旅行禁令，为期30天，不过英国不受该禁令影响。3月13日，美国总统特朗普宣布进入国家紧急状态，以释放更多资金与资源应对新冠肺炎疫情，但他拒绝为大规模检测推进缓慢而承担责任。随着疫情在纽约州、加利福尼亚州、华盛顿州等多地蔓延，3月19日，美国加利福尼亚州州长加文·纽瑟姆19日晚对全州发布"居家令"，要求全州4000万居民当晚起如非必需不要出门，以遏制新冠病毒传播，此后包括纽约州、伊利诺伊州、康涅狄格州等50个州陆续发布针对本州居民的"居家令"。3月27日，特朗普总统签署了此前国会表决通过的2万亿美元经济刺激法案，这份美国史上最大规模的刺激经济法案的内容包括加强失业保障、企业贷款补助以及向医院、州政府和市政府提供更多医疗资源等等。然而，没过多久，在各方面压力下，特朗普在4月16日宣布"重启美国"计划，计划分三个阶段重新开放美国的社会经济生活，但何时以及如何开放将由各州自行决定。在美国总统特朗普"尽快重启美国经济"的推动下，放宽疫情限制的呼声四起，反对居家令的抗议示威已经蔓延到25个州，围绕"继续抗疫"还是"先行重启经济"，美国陷入左右为难的激烈争论之中。迄今为止，美国抗疫策略还没有奏效，此种带有"群体免疫"倾向的抗疫策略总体上是失败的。

结论

疫情冲击是一次真正全球意义上的大危机。面对危机，不同国家的治理策略存在多样性差异。通过比较四种抗疫策略，不难发现以中国和韩国为代表的局部封城的抗疫策略最为有效，且代价相对较小。以意大利、瑞士等欧陆国家的全面封国策略也比较有效，缺点是代价较大，不过在国际疫情形势严重的背景下，全面封国也许是不得已而为之的选择。以印度和俄罗斯为代表的局部封国策略在国际疫情严重的情况下是必要之举，但在国内存在疫情的情况下，仍需配合以必要的封城策略。以英国、美国、巴西为代表的完全放任式的"群体免疫"是代价最大的，实践证明是一项失败的抗疫策略。尤其是在抗疫和救市上的矛盾态度，导致了行动迟缓，让疫情有机会蔓延扩大，教训是非常深刻的。

| 朱锋 | 南京大学国际关系研究院院长
南京大学南海研究协调创新中心执行主任，教授 |

国际战略格局出现的新变化

新冠肺炎疫情的全球暴发和蔓延仍在延续，世界经济停摆、各种思潮激荡、大国关系严峻等诸多事态相继产生。目前，疫情在美国和欧洲还未得到完全控制。国际战略格局在新冠肺炎疫情全面暴发的态势下已经出现了以下新的变化。

首先，世界经济严重衰退已成定局，未来世界经济的版图很可能出现历史性的重组。各国应对疫情的措施越来越具有共同点，那就是封城：关闭除了超市、加油站、医疗场所之外的营业商店，娱乐设施和餐饮服务；除了防御疫情的医疗和防护用品加班生产，以及最基本的民生保障系统还在运转外，各行各业基本"停摆"。与此同时，美国纽约股市、日本产经股市、伦敦股市等世界代表性的金融证券市场遭到了重创。美国纽约股市在3月6—20日之内的两个星期时间内，出现了四次因为跌幅一下子超过7.2%而被迫停止交易的"熔断"。日经股市在三月份也下跌了20%。伦敦股市第一季度遭受了1987年10月以来最大损失。与股市相对应的是，国际原油价格狂泻，英国布伦特原油报价一度从2月末的42美元每桶下跌到23美元，跌至多年低点。

更重要的是，此次疫情给各国经济带来的打击是全面、深重和罕见的。经济活动涉及三大要素：生产和服务供应，市场需求，以及资本流动和供应等金融活动。新冠肺炎疫情的全球暴发，使得人类基本经济活动的三大要素同时出现了重大塌陷。目前，由于封城、停工和居家工作，70%全球航空业已经停止，80%的零售业歇业，70%以上的制造业停顿。封城和居家隔离使得民众消费和市场需求倒退到了人们生活的最低限度，市场需求下降了90%。与此同时，资金投资停顿、股市大跌、现金流流动受到巨大削弱。全球经济出现了全要素"停摆"的困局。据摩根斯坦利公司预测，即便第三和第四季度美国疫情缓解，经济反弹，全年美国经济负增长基本已成定局。英国伦敦证券市场富士100指数已经跌回到了2011年的水平，近十年的增长在一个月内被全部抹平。目前，世界主要经济体今年上半年的经济预测皆为负增长。德意志银行预计，英国2020年GDP将萎缩6.5%，可能是"一个世纪以来最严重的衰退"。英国《卫报》预测，现代历史上最严重的全球经济危机即将来临，其严重程度甚至超过一战和二战。现在最坏的估计是，全球经济将在2020年下降50%。

病毒学家们预计，新型冠状病毒肺炎疫情不会在短期内结束。目前美国和欧洲的疫情已经远远超过了中国、日本和韩国。如果短期内美欧无法全面控制疫情，重新启动经济活动，那么东亚各国产业重启的进程将会领先欧美。结果是，2020年东亚的GDP总额有可能第一次超过美国，甚至追上欧盟。世界经济的原有区域排位——欧盟第一、美国第二、东亚第三的格局将会被重写。

其次，受疫情暴发带来的政治、经济、社会、个人生活等全方位冲击和挑战的影响，世界范围内的政治与社会思潮开始进入新的激荡期。自由主义、民族主义、民粹主义、右翼极端主义等各种政治思潮正在发生激烈碰撞。因为针对疫情突发灾难应急行动的需要，已有的自由主义势力下降，注重国家全面干预的新国家主义将会显著上升。

疫情暴发至今，处置疫情的一些基本手段和方式正在全球范围内推广，例如中国率先采取的封城措施，韩国采取的"跟踪、测试和治疗"的三步法则，日本的社会性良好卫生习惯与重症患者的收治，以及美国现在推行的15分钟出检测结果的血清测试法。在东亚社会环境中，由于政府和民众的结合关系比较紧密，所以针对疫情所采取的居家隔离、封城、暂停公众活动和关闭所有不涉及基本民生的商店和门店等公共政策行动，实施起来相对比较容易；而在美欧，历来实行"个人主义"优先，因此防疫措施产生了强烈的政治和社会冲突。尽管目前各国抗击疫情的方式不同，但政府机构采取的诸如加大行政权力、大规模财政支出、动员全国医护资源、普遍出动军警力量、严格限制个人选择等措施都是国会授权的，即便疫情暂时告一段落，复工复产，社会稳定和经济秩序的恢复，以及救助和保障在疫情中失业民众的生活，安排偿付疫情期间高昂的政府赤字等活动，都离不开"大政府"模式的延续。可以肯定的是，疫情将会大大改写欧美传统的自由主义政治规则，赋予国家和政府新的、扩大的行政权力的"新国家主义"模式将会持续相当一段时间。

而与此相对应的，疫情暴发过程中种族主义、民族主义，甚至右翼极端主义势力在欧美都有抬头。抗疫表现前后高度不一致的美国政府由于说服国会动用了5万亿财政援助和刺激方案，在美国国内的支持率不降反升。受疫情冲击，意大利、西班牙和德国的右翼民族主义思潮声势不断壮大，欧盟地位受到了前所未有的挑战。与此同时，"悍政"现象正在全球蔓延。印度莫迪政府3月29日宣布封城，只留出了4个小时的通知时间，新德里地区近200万劳工返乡进城出现了巨大混乱。莫迪政府此前因为颁布《公民身份修正法案》，引发国内各地抗议活动，骚乱不断。新德里现在的规定是，疫情期间任何抗议行动都是非法。在疫情的冲击下，各国政治的"内视化"趋势将会日趋显著。

第三，疫情加剧了大国关系的竞争和冲突。疫情的暴发不仅未能给中美关系的缓和与合作提供机会，反而因为特朗普政府将疫情"政治化"的诸多举措，使得中美两国间的冲突和紧张持续上升。未来中美关系的走向究竟是重新改善，还是"加速脱钩"？自1979年中美建交以来，两国关系开始真正走到了何去何从的十字路口。

在新冠肺炎疫情在中国大规模暴发之际，美国政府却从一开始采取"看中国笑话"心态，甚至不惜利用疫情推行"防疫、反华、脱钩""三不误"政策。中美两国在1月15日签署第一阶段经贸协议而形成短暂关系改善的气氛，完全被美国政府采取的将疫情"政治化"的举动所破坏。从1月下旬以来，美国政府加剧了对华科技战的力度，美国司法部追加对华为的起诉，并力压美国欧洲盟友彻底放弃使用华为设备和技术。与此同时，特朗普政府还对中国发起了"舆论战"，不仅将5家中国媒体宣布为"政府机构"，对其记者在美正常的采访活动施加各种限制，更是蛮横无理地取消了60名中国驻美记者的居留权。更为恶劣的是，美国政府的主要官员指责所谓中国在疫情期间散布"虚假消息"，国务卿蓬佩奥和美国国会的反华议员一起，威胁要对新冠病毒的全球扩散"追责"。特朗普还违背世卫组织的定义，篡改新冠病毒的法定名称，多次使用"中国病毒"来攻击中国。疫情暴发以来，中美关系的紧张和对峙不断升级。中美关系走到今天，是美国民粹主义政治势力视一个崛起的中国为美国"最大威胁"、进而全面调整美国国家安全战略，用大国间的战略竞争来重新定义美中关系的结果。尤其是目前美国疫情严峻，确诊病例已经上升为世界第一，美国国内反华、厌华和恐华的情绪性反应在不断泛滥。稳定和改善中美关系的任务和行动，近 40 年来从来没有像今天这么沉重和艰难。

第四，各种区域与全球治理机制出现了"边缘化"的趋势，多数地区安全热点问题被搁置，世界政治的"碎片化"正在成为现实。新冠肺炎疫情的全球蔓延使得全球和区域治理机制被暂时性搁置，全球诸多的地区安全热点问题处于"游离状态"。例如朝鲜半岛的无核化问题似乎暂时淡出视野。平壤政府从 3 月 5—25 日，5 次发射导弹向美国和韩国施压，要求放松和降低对朝鲜拥核的国际制裁。但美韩为了实现对朝鲜"以压促变"的目的，对朝鲜的要求置若罔闻。疫情事实上在加剧朝鲜半岛局势的不确定性。叙利亚局势同样因为疫情陷入动荡。土耳其出兵叙利亚，欧盟、美国等不管不问。目前虽然战火暂停，但叙利亚国内却因叛乱、外国干预导致普通民众流离失所而陷入人道主义危机。伊朗问题也正在变得更加具有不确定性。伊朗是中东受新冠肺炎疫情袭扰最严重的国家。中国呼吁美国取消部分对伊朗的制裁以便帮助德黑兰政府走出疫情泥沼，但特朗普政府非但没有接受中国的提议，而且在 3 月 12 日宣布加大对伊朗的经济和政治制裁。此外，巴以问题再次升温。美国宣布的"中东和平新计划"遭到巴勒斯坦，甚至欧洲国家的大量反对，美国对以色列赤裸裸的袒护政策正在加剧巴以矛盾。阿富汗问题隐患重重。美国虽然在 1 月份和阿富汗塔利班达成了和平协议，并计划在 16 个月内从阿富汗全面撤军，以便腾出手来在亚太地区更好地"围堵中国"。但这份和平协议没有真正解决塔利班与阿富汗现政府之间的分权关系。随着美国撤军进程的开启，未来阿富汗局势有可能会出现失控和重新陷入战乱的风险。

第五，受上述各种因素的影响和挑战，世界秩序中原有的基本要素——全球化所决定的市场开放和自由、竞争经济、全球问题领域中的全球治理体系、多边主义议程下的国际合作，都在受到沉重的打击。全球化与逆全球化、单边主义与多边主义的碰撞和冲突空前上升。冷战结束以来，世界经济的发展、稳定与繁荣，根本上是得益于全球化。但疫情带来的严重经济衰退、多数国家普遍的"内视化"趋势和为了重振疫后经济有可能出现的大规模产业内移等做法，使全球化进程正在面临空前的打击。尤其是在民族主义和民粹主义的政治鼓噪之下，"逆全球化"很可能成为伴随疫情兴起的重要政治诉求。与此同时，美国政府继续在抗疫行动中采取单边主义做法，基本放弃了主导国际合作与协调的原有角色。在 20 国集团特别峰会上，国家主席习近平提出世界主要经济体需要采取降税、减税等措施，促进世界经济的稳定与复苏，但特朗普政府迄今没有采取任何实际行动。为了利用疫情打压中国，美国商务部甚至在 3 月中旬宣布了对部分中国出口美国产品加税的决定。

在上述诸多挑战和新的不确定性面前，中国发挥引领作用，促进世界各国的团结合作，共同抗击新冠肺炎疫情对人类健康和生命的威胁，尽可能地减少疫情对全球经济的打击，是中国作为一个大国的责任与担当。

第四篇 崛起中国的角色与担当

面对如此复杂而诡谲的国际形势与时代变局,中国唯有做到坚持高举人类命运共同体的旗帜不动摇,坚持参与和推动全球抗疫合作不动摇,坚持推进"一带一路"建设不动摇,坚持政策沟通与民心相通不动摇,方可在惊涛骇浪中屹立潮头,因势利导,破浪穿行,一往直前。

> 于洪君
>
> 太和智库高级研究员
> 中国人民争取和平与裁军协会副会长
> 中国驻乌兹别克斯坦大使（2005-2010）
> 中联部副部长（2010-2014）

全球疫情持续肆虐，中国当行"四个坚持"

2020年是中华民族实现伟大复兴、走向世界舞台中心的关键之年。然而，一场突如其来的新冠肺炎疫情（以下简称"疫情"）使人类社会陷入半瘫痪状态。以邻为壑、相互仇恨、彼此隔绝的"政治病毒"此起彼伏，嫁祸于人、彼此诋毁、鼓动战争的"精神瘟疫"呼啸而来。面对如此复杂而诡谲的国际形势与时代变局，中国唯有做到坚持高举人类命运共同体的旗帜不动摇，坚持参与和推动全球抗疫合作不动摇，坚持推进"一带一路"建设不动摇，坚持政策沟通与民心相通不动摇，方可在惊涛骇浪中屹立潮头，因势利导，破浪穿行，一往直前。

一、坚持高举构建人类命运共同体的旗帜不动摇

人类社会在繁衍生息、薪火相传、走向未来的历史进程中，总要遭遇源自内部或外部的各种风险和危机，总会面对各种可以预见和无法预见的冲突和挑战。目前肆虐全球的疫情，是世界进入现代以来暴发的影响范围最大的一次突发公共卫生事件，也是人类社会面临的一场巨大的生死浩劫。其传播速度之快，感染面之大，令各国政府猝不

及防，对国际政治、经济、社会、文化和大众意识的深重影响，一时还难以评估。

截至6月底，全球新冠肺炎累计确诊病例超900万，累计死亡人数超45万。美国确诊人数和死亡人数均为世界第一，成为名副其实的"疫情超级大国"。欧盟成员国意大利、西班牙、德国、法国以及刚刚退出欧盟的英国，情况都非常严重。从俄罗斯等独联体国家，到东北亚、东南亚、南亚以及伊朗等伊斯兰国家比较集中的西亚北非，从非洲大陆到南太平洋乃至拉丁美洲，疫情袭击没有"死角"。显然，病毒的攻击没有国界，不分民族种族，不论宗教文化和价值观体系，也不论社会制度和发展水平。人类社会这次面临的是共同的灾难和挑战。

为了阻断病毒传播，防止疫情持续蔓延，世界各国相继采取对内断路封城、禁绝社交、停工停产，对外关闭边界、中止人员流动、暂停货运等非常措施。大多数国家所做的这一切，没有什么政治意图和意识形态因素，目的都是为了阻止疫情扩散，将危害控制在最低限度。但也正是由于这些别无选择的极端手段，使世界经济遭遇难以承受的重创。服务业制造业大幅度萎缩，全球产业链供应链大面积断裂，世界金融市场剧烈震荡。世界各国这次面对的是共同的危机和考验。

中国共产党对于人类社会安全与发展利益密切交织、前途与命运彼此相关的本质属性和时代特点，早就有了科学的判断和思考。进入本世纪以来，中国领导人和官方文件特别注意强调中国发展利益、安全利益与世界各国发展利益、安全利益的关联性和一致性。2013年3月，习近平主席出访俄罗斯时，就人类文明进程、世界格局演变、中国与外部世界的关系等问题发表演讲，第一次明晰而透彻地阐述了人类命运共同体理念以及与此相关的新时代观、新发展观、新合作观、新安全观、新文明观。他指出：我们所处的是一个风云变幻的时代，面对的是一个日新月异的世界。各国相互联系、相互依存的程度空前加深，人类生活在同一个地球村里，生活在历史和现实交汇的同一个时空里，越来越成为你中有我、我中有你的命运共同体。此后，习近平主席在国内外许多场合，一再强调树立人类命运共同体意识、推动构建人类命运共同体的极端必要性和紧迫性。2017年1月，他在联合国日内瓦总部以《共同构建人类命运共同体》为题发表演说，再次强调：人类正处在大发展大变革大调整时期，各国相互联系、相互依存，全球命运与共、休戚相关，同时，人类也正处在挑战层出不穷、风险日益增多的时代，重大传染性疾病等非传统安全威胁持续蔓延。为了让和平的薪火代代相传，让发展的动力源源不断，让文明的光芒熠熠生辉，中国的方案是：构建人类命运共同体，实现共赢共享。

人类命运共同体是新时代中国特色大国外交的理论基石，也是中国积极参与国际事务、处理对外关系、推动全球治理体系改革的行动指南。这一理念的真理性、科学性和前瞻性，不仅为中国特色大国外交实践所证实，同时也为当今世界发展大势所证实。此次疫情全球大流行以及全球抗疫合作逐步开展，再次彰显了人类社会安危与共、命运与共的根本属性。习近平主席在3月26日召开的G20特别峰会上提出的"重大传染性疾病是全人类的敌人"这一判断得到了国际社会的普遍认可和认同。

在此之后，罗马教皇方济各在为全世界祈祷时说："我们都在同一条船上，彼此需要帮助。"联合国秘书长古特雷斯也明确表示，疫情这一人类危机需要来自全球主要经济体协调一致，采取果断、包容和创新的政策行动，以及对最脆弱人民和国家提供最大程度的金融和技术支持。虽然他们的具体表述不同，但人类社会命运与共的普遍共识已经形成是不争之事实。因此，无论未来国际风云如何变幻，无论疫后世界格局怎样重组，中国都应毫不动摇地继续高举构建人类命运共同体的旗帜，始终不渝地用人类命运共同体的理论构想和相关政策处理对外事务，引导国际关系，推动人类社会的共同发展与进步。

二、坚持参与和推动全球抗疫合作不动摇

由于世界各国的社会发展水平不同、国家治理体制不同、社会习俗和文化传统不同，人类社会在面对无法预测和抗拒的重大灾难时，并非都能从容应对，也不可能总是坚强有力。某些国家在特定情况下寻求外部支持和帮助，理所当然。外部力量尽最大可能施以援手，也是天经地义。这符合人类社会固有的人道主义品格和本性，符合危难关头必须和衷共济的永久诉求。

此次疫情在中国突然暴发后，中国得到了来自许多国家政府、企业、民间组织和友好人士的支持和援助。中方已多次就此向国际社会表达谢意。与此同时，中国政府一开始就与世界卫生组织积极合作，及时向世界各国通报疫情发展情况和中国采取的各种防控措施，得到了世界卫生组织的高度认可和支持。考虑到美国对此次疫情特别关注，中方还及时向美方通报了相关信息，保持了适度的交流与合作。后来，随着中国防控形势渐趋稳定，中方开始通过各种方式及时向世界卫生组织和联合国，向周边各国和广大发展中国家，乃至欧美发达国家提供具有实质意义的支持和援助，得到了国际社会的广泛赞赏。

值得注意的是，国际上仍有某些势力企图利用疫情蔓延制造新的冷战，将人类抗疫大业引向大国对立与冲突。但疫情当前，人类社会要求共克时艰、相互救助的普遍共识和主流诉求不可违逆。3月召开的 G20 特别峰会，标志着全球性共同抗疫的大格局正在形成。包括中国在内，相关各方通过本次峰会郑重承诺，要采取一切必要的卫生措施抗击疫情，即时分享各种资讯及共享研究所需资源，实行有针对性的财政政策、经济措施和担保计划，抵消此次疫情带来的社会经济和财政影响。

对于人类社会联手应对共同性灾难和挑战，中国政府历来秉持坦诚开放、积极参与的建设性立场。1997 年亚洲金融风暴来袭，2008 年国际金融危机爆发，中国都尽了最大努力，为相关国家提供支持和帮助，作用和贡献有口皆碑；2003 年抗击非典疫情，2008 年汶川抗震救灾，中国与国际社会成功合作，创造了人类社会同心同德、共赴大难的经典范例；中国半个多世纪以来坚持派遣医疗队到非洲救死扶伤，近年来又与世界卫生组织、欧美发达国家联合行动，共同抗击非洲埃博拉病毒，为人类公共卫生事业的发展留下永久佳话。

正是基于人类命运共同体这一崇高理念，基于做负责任的世界大国这一神圣使命，习近平主席在 G20 特别峰会上郑重宣布，中国愿同有关国家分享防控疫情的有益做法，并且明确提出坚决打好疫情防控全球阻击战、有效开展国际联防联控、积极支持国际组织发挥作用、加强宏观经济政策协调四点建议。这些建议包含了一系列很有操作性的具体主张，如尽早召开 G20 卫生部长会议，开展药物、疫苗研发与防控合作，各国携手拉起最严密的联防联控网络，中国疫情防控网上知识中心向所有国家开放，探索建立区域公共卫生应急联合机制，适时举办全球公共卫生安全高级别会议，共同维护全球金融市场和全球产业链供应链稳定，等等。

G20 特别峰会召开当天，习近平主席复信世界卫生组织总干事谭德赛强调，人类是一个休戚与共的命运共同体。国际社会应该守望相助、同舟共济。中国愿同世界卫生组织及各国一道，为维护全球公共卫生安全作出贡献。此后，中国从中央到地方各级政府，从民间组织到企事业单位，从驻外机构到"走出去"的企业纷纷行动起来，参与和支持全球抗疫合作的力度和规模越来越大。应有关疫情严重国家请求，一批又一批的中国专家学者和医护人员，受中国政府委派，飞赴相关国家，投入全球抗疫斗争第一线！

种种迹象表明，此次抗击疫情的全球行动，可能不得不持续相当长的一段时间。中国参与全球抗疫合作的方式方法，也将是多种多样的。我们的付出和努力，既会得到充满善意的回报，也会遇到意想不到的问题，其中包括国际上敌对势力的恶意攻击和炒作，当然也不乏境内某些企业或个人不当行为带来的负面影响。但无论形势多么复杂，任务多么艰巨，遭遇多少艰辛挫折，中国政府和人民都应矢志不移，砥砺前行，在全球抗疫合作中承担应有责任，履行相应使命，发挥更大作用。对于这个关乎人类命运的大是大非问题，中国与世界同行、与时代同步的意志和决心，不可有任何动摇。

三、坚持推进"一带一路"建设不动摇

疫情全球大流行，对各国人民的健康生活与生命安全造成了非常严重的现实威胁，同时也对各国经济运行、世界贸易秩序、国际人文交流带来了难以估量的巨大损害。换句话说，疫情已经严重地影响到人类社会的现代化发展进程，影响到新一轮经济全球化的前进方向，进而影响到全球治理体系的重塑与构建。

国际社会普遍认为，今年的世界经济形势和全球就业状况将极为严峻，国际贸易关系与未来走势存在很大的不确定性。的确，作为世界最大经济体的美国首先告急：美股多次熔断，美联储"无底线"放

水救市于事无补，波音、通用等"巨无霸"企业停产歇业或大幅裁员。受此影响，俄罗斯、加拿大、越南、哈萨克斯坦等世界粮食出口大国作出禁止粮食出口以备粮荒的决定。由于诸如此类的悲观信息不断出现，有人断言，人类社会目前所经历的经济全球化已近尾声，主权经济和封闭发展的时代即将到来。

面对这一严峻形势，习近平主席在G20特别峰会上建议国际社会加强宏观经济政策协调，共同维护全球金融市场和全球产业链供应链稳定。这些建议如能成为世界各国，特别是包括美国在内的发达国家的具体政策，并能不折不扣地予以执行，那么，世界各国在全球抗疫合作中强化经济合作，人类社会重建国际经济秩序，重塑世界经贸格局，打造更高水平的全球产业链供应链，为完善全球经济治理提供新思路、积累新经验，并非没有可能。

在阻止经济全球化崩盘、探索建立新的经贸秩序、推进新型国际合作的过程中，中国于2013年提出的"一带一路"倡议，仍具有不可替代的示范价值和作用。经过六年多的不懈努力，"一带一路"建设在许多国家许多领域，取得了举世公认的普惠式合作成果。实践证明并将继续证明，"一带一路"建设不但是融合发展、联动发展的"中国策"，同时也是引领全球合作共赢、互利共赢的新范式。在大疫之后世界格局可能发生重大变化的新形势下，通过"一带一路"框架下的平等合作、广泛合作与可持续合作，仍可带动世界各国摒弃社会制度差异，超越意识形态纷争，最大限度地实现发展理念对接、政策法规对接、机制体制对接。这对于持续改善全球治理，有效应对共同挑战，实现各国普遍进步与安全，仍是功莫大焉。

当然，我们也注意到，疫情全球大流行迫使各国政府以及国际组织不得不将当前的工作重心和施政重点转移到防控疫情上来。中国倡导和推动的"一带一路"建设必然会受到冲击和影响。一方面，国内企业面临生产、流通、融资、用工、安全等多方面的困难和压力，"走出去"的能力和意愿相应下降，在境外从事工程项目的人员不得不大量返回。企业执行境外合同、履行责任和义务的能力大打折扣。另一方面，许多发展中国家客观上已经无力继续推进大规模基础设施建设，"一带一路"新项目新工程接连开工、此呼彼应的状况，在一段时间内难以再现。这种情况下，美国和西方某些势力借机唱衰"一带一路"前景，歪曲"一带一路"建设本意，抹黑中国企业形象，挑拨中国与合作伙伴的关系，"一带一路"互利合作的不测因素和风险有所增大。

对此，我们要有清醒的认识和充分的准备。要在资源配置、着力方向、政策引导等各个方面，作出新的安排和部署，确保"一带一路"建设，特别是早已公诸于世的"六大经济走廊"建设持续推进，平稳运行。

考虑到全球疫情扩散形势依然严峻，世界经济联系断裂加剧，发展中国家特别是周边国家与此相关的问题越来越多，我国经济完全恢复正常尚需时日。我国推进"一带一路"建设，既要一如既往、攻坚克难、百折不回，又要审时度势、因地制宜、趋利避害。其中最重要最核心的一点就是，要以 2019 年召开的第二届"一带一路"国际合作高峰论坛精神为指引，恪守稳中求进的总方针，努力在调整行为方向、优化项目质量、提高合作水平、化解安全风险、增进民心相通、确保人员安全以及服务于合作伙伴国民生需要、支持其公共卫生事业发展、总结推广先进经验等方面花大气力，下大功夫，做大文章。

开展"一带一路"建设，是我国打开国门搞建设的政策体现，是中华民族与人类社会风雨同行的不二选择。虽然当前世界经济形势恶化,推进"一带一路"建设难度增大,但我们不急功近利、不勉为其难,而是统筹规划、合理运筹、进退有序,如此,"一带一路"建设必将在全球抗疫合作以及疫后世界经济合作中独领风骚,再创佳绩。

四、坚持政策沟通与民心相通不动摇

此次疫情全球性大流行,标示着人类社会与外部环境的关系、人类社会自身生存方式与发展方式、人类社会不同文明形态与不同组成部分之间的相互关系,正在发生深刻而复杂的变化。面对世界"百年未有之大变局"中的这一突发变量,以及纷至沓来的各种意外冲击、挑战和压力,国际舆论场一片混乱。中国应对这场疫情的超强能力、特殊手段和惊叹世界的示范效应,加深了美国和西方某些势力对中国加速崛起的恐惧和不安。从未风平浪静的西方政界和舆论场,当前更是魑魅起舞、魍魉婆娑。

一方面,西方某些势力借疫情在中国首先暴发而造谣生事,极力"污名化"中国,甚至要求中国承担疫情在全球蔓延的所谓"责任",图谋组织国际社会对中国进行"秋后算账"。另一方面,他们对中国政府为防止疫情扩散而采取的各种措施说三道四,进而诋毁中国的政治制度、治理方式和价值观体系,不遗余力地抹杀中国的抗疫成果和经验,力图抵消中国参与和支持全球抗疫合作的积极影响。国际舆论场上,部分西方高官颠倒是非、胡言乱语,部分西方不良媒体丧失操守、趋炎附势,出现了冷战结束以来从未有过的大混乱、大迷离局面。

在中华民族实现伟大复兴、走向世界舞台中心的征程中,树立中国开明开放、包容合作的良好形象,扩大中国道路、中国经验在世界上的影响力和感召力,至关重要。在当前国际舆论斗争面临新形势、新任务、新挑战等新情况下，创造性地运用和发展我们在推进"一带一路"建设过程中提出的"政策沟通"和"民心相通"两大对外工作方式和方法，意义重大深远，而且势在必行。

所谓政策沟通，就是要在习近平主席身体力行的元首外交带动下，从中央政府到地方政府，从驻外机构到境外企业，全方位动员起来，持续加大对外政策宣传、解读和诠释的力度。所谓民心相通，就是要在充分发挥我国境内外各种媒体"官宣"作用的同时，利用境内外一切资源和手段，调动一切可以调动的潜能和因素，针对世界各国的社会各阶层，有的放矢地做好解惑释疑、引导舆情、以正视听等工作。

当前对外开展政策沟通和民心相通工作，重点在于宣介我们党和政府带领全国人民万众一心取得的抗疫斗争阶段性成果，宣介我国为参与和支持全球抗疫合作而作出的巨大努力和贡献。开展政策沟通和民心相通工作的目的，是要使国际社会认识到，面对疫情这种"人类公敌"，世界各国除了捐弃前嫌、共克时艰、相互救助、联合行动，没有其他出路。同时也要理直气壮地告知国际社会：中国政府和人民抗击疫情的成就与经验不容诋毁，中国共产党和中华民族为全球抗疫合作付出的努力和贡献不容歪曲！

当前对外开展政策沟通与民心相通工作，既要着眼于和着力于全球抗疫这场重大斗争，同时也要兼顾国家形象塑造、内外政策宣介、文化交流合作等常态化工作方向和相关内容，包括宣介习近平新时代中国特色社会主义思想、中国共产党近百年光辉历史、新中国七十年发展历程和改革开放四十多年来取得的巨大成就，以及打开国门搞建设的基本国策，合作发展、共赢发展、联动发展的政策主张，等等。要把当前工作重点与长期工作任务有机统一起来，既不能失去重心，又不能顾此失彼。

实践证明,做好政策沟通与民心相通两篇大文章,是树立我们党和国家良好形象、厚植中华民族与世界各国人民互信根基行之有效的方式和方法。二者只有彼此配合、共同发力,才能收到相辅相成、相得益彰的预期效果。要善于总结经验,认真查找差距,注意补足短板,加大遏制狭隘民族主义、粗俗民粹主义等负能量的冲击,把对外政策沟通与民心相通两项重大工作,引导到有理有利有节、有章有法有效的健康轨道上来。

王义桅

中国人民大学国际关系学院教授，博士生导师
欧盟研究中心主任
欧盟"让·莫内"讲席教授
中国人民大学习近平新时代中国特色社会主义思想研究院副院长

疫情后如何更好地推进"一带一路"建设

中美贸易战、新冠肺炎疫情的暴发均充分证明了"一带一路"建设的前瞻性和合理性：不仅检验了谁是我们的朋友、谁是我们的敌人，更证实了对冲美西方市场风险、寻求全球新产业链布局的必要性和紧迫性。当前，中国在最早承受疫情的巨大冲击后率先复工复产，战略主动权大大增加，而美西方却成为疫情震中，自顾不暇，广大"一带一路"沿线国家对防疫救援、经济支持和金融稳定的需求又空前迫切，这为中国在域内推动共建"一带一路"建设带来重大机遇窗口。

然而，中国外部环境也面临巨大压力，在贸易战和疫情的双重夹击下，美国对华诉求具有高度一致性：推动全球供应链"去中国化"，抵消中国竞争优势，打压中国崛起势头。同时，"一带一路"沿线国家债务负担加大，可能出现赖账现象，中国必须有针对性的创新思路，坚定高质量推进"一带一路"建设的信心，提前布局，有效应对。

一、疫情对"一带一路"建设的影响

疫情暴发以来，国际社会上唱衰"一带一路"的声音不断，国内

也不乏担心。"担忧主要来自三个方面：一是中国经济受到疫情冲击，是否还有充足的资金向'一带一路'投资；二是'一带一路'沿线国家也受到重创，是否会出现赖账风险，美西方又在炒作'一带一路'的债务危机、互联互通的安全风险；三是逆全球化趋势加剧，在中美脱钩、新冷战的鼓噪下，'一带一路'前景是否黯淡。"

过去"一带一路"建设强调建设"五路"，即"和平之路，繁荣之路，开放之路，创新之路和文明之路"。而在当前新冠疫情蔓延引发全球经济衰退的特殊背景下，习近平主席向"一带一路"国际合作高级别视频会议发表书面致辞强调，把"一带一路"打造成团结应对挑战的合作之路、维护人民健康安全的健康之路、促进经济社会恢复的复苏之路、释放发展潜力的增长之路。

以前谈到"合作"主要是指经济合作、互利共赢，现在更多是强调共同应对全球挑战，包括抗击疫情、维持全球供应链的稳定、推动经济恢复等。这充分证明，"一带一路"国际合作是问题驱动、与时俱进的。疫情反衬健康丝绸之路、数字丝绸之路建设的前瞻性、必要性和紧迫性。疫情暴发以来，中国已经向122个"一带一路"合作伙伴提供抗疫援助，向25个国家派出医疗队，毫无保留同各国全面分享防控和诊疗经验。中欧班列1—5月开行数量和发货量同比上升28%和32%，累计运送防疫物资达12524吨，成为各国携手抗击疫情的"生命通道"和"命运纽带"。正如习近平主席所说："危和机总是同生并存的，克服了危即是机。"我们要抓住此次疫情带来的各种新业态、新模式，加强5G、大数据、人工智能、云计算等领域合作，加快共建"数字丝绸之路"。中国将继续同联合国发展机构合力推动全球可持续发展，共同创建"绿色丝绸之路"，让各国在恢复经济的同时实现转型升级，共享高质量发展。

事实证明，疫情并没有逆转"一带一路"合作的势头，反而凸显了"一带一路"合作所具有的强大韧性和旺盛活力。经历风雨，"一带一路"合作的基础必将更加牢固，动力必将更加充沛，前景必将更加广阔。

（一）疫情印证了"一带一路"国家成为中国国际影响力的根基。新冠肺炎疫情发生之后，很多"一带一路"合作伙伴在政治声援、物资援助等各个方面向中方提供了积极的支持和帮助，也都以不同方式表明同中方继续加强"一带一路"合作的态度。中国也在力所能及范围之内向"一带一路"沿线国家提供了急需的医疗物资援助，体现了"一带一路"国家间的生命力和活力。

（二）"一带一路"建设前景光明。一是贸易韧性十足，金融支持和数字化转型加速推动。尽管一季度中国外贸进出口整体呈下降态势，但对"一带一路"沿线国家外贸进出口却保持增长，高出全国整体增速11.4个百分点，占中国外贸总值的31.7%，比重首超3成。东盟在第一季度成为中国第一大贸易伙伴，进出口总计9913.4亿元，增长6.1%，占我国外贸总值的15.1%。

二是高质量共建"一带一路"项目和企业获开发性金融支持。中国商务部、国家开发银行于2020年2月28日联合印发《关于应对新冠肺炎疫情发挥开发性金融作用支持高质量共建"一带一路"的工作通知》，对受疫情影响的高质量共建"一带一路"项目和企业给予开发性金融支持。对于符合条件的高质量共建"一带一路"项目和企业，国家开发银行通过提供低成本融资、外汇专项流动资金贷款，合理设置还款宽限期，开辟信贷"绿色通道"和提供多样化本外币融资服务等方式给予支持，保证"一带一路"高质量发展。

三是数字化"一带一路"的步伐正加快。当下，全球正加速朝数字化、绿色化、智能化方向转型。远程办公蔚然成风，零工经济蓬勃兴起，带动二线城市、中小城市发展，未来产业发展将更依赖物联网、人工智能、大数据、云计算等新基建。随着新科技和新兴产业竞争日趋白热化，技术之争、数据之争、标准之争、知识产权之争预计将日益成为影响国际经贸乃至地缘政治的重要因素。从信息与通信技术企业到电商平台，包括华为、阿里巴巴和腾讯在内的诸多企业，在数字化新丝路中的机遇众多。这将是本土科技公司在中国以外地区，特别是在"一带一路"地区竞争市场份额的天然机会。数字丝绸之路建设的加速推进，让世界更好分享中国互联网发展经验，也凸显数字丝绸之路的世界意义。

四是"健康丝绸之路"建设提速。疫情对"一带一路"建设造成冲击，也证实了其对于我完善产业链布局、塑造朋友圈的前瞻性。3月16日晚，国家主席习近平应约同意大利总理孔特通电话时表示，中方愿同意方一道，为抗击疫情国际合作、打造"健康丝绸之路"作出贡献。疫情客观上催促推动健康丝绸之路建设，实现各种区域性的、全球层面上的公共卫生治理机制的联动。要创新合作机制，解决资金问题，强化"一带一路"沿线国家应对危机的能力。如何确保海外中国人的公共卫生安全？疫情也催促我们建设公共卫生援助节点——健康驿站，完善"健康丝绸之路"布局。由于私营部门和外国企业的更多参与，以及"一带一路"与全球供应链的紧密结合，其活动质量长远而言会持续改善。中国的医疗科技行业同样可能在海外觅得商机。过去几个月，中国在线医生咨询平台咨询量激增。考虑到许多"一带一路"沿线国家医疗行业的不足，此类技术或许能在国外成功推行。

（三）疫情加大"一带一路"沿线发展中国家的债务风险，需要高度注意。德国《世界报》报道：科隆经济研究所的一项研究表明，"一带一路"项目会增加参与国的债务负担，许多国家的金融已严重失衡，新冠肺炎疫情更是加剧了局势。正如下图所显示的，这种新的"一带一路"债务陷阱论，要引起高度关注：

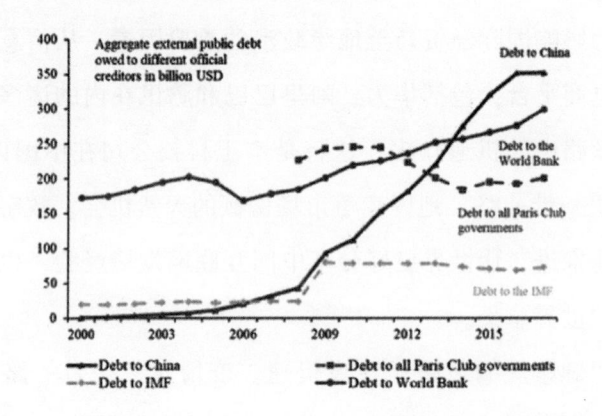

的确，高质量建设"一带一路"的重大外部挑战来自沿线国家债务风险，可能出现赖账现象，被域外势力所利用，推动西方对"一带一路"国家的争夺。有鉴于此，中国根据二十国集团暂停偿债倡议，宣布暂停77个发展中国家偿债。这既体现了中国负责任大国形象，又确保了"一带一路"建设的可持续发展。

（四）"一带一路"国家担心中国国内危机影响对外投资，延缓项目进展；疫情也影响国内对"一带一路"的支持和投入，制约高质量建设"一带一路"布局。根据世界贸易组织2020年4月中旬发布的预期，乐观情境下，今年全球货物贸易会下降13%；悲观情境下，全年货物贸易降幅可能高达32%。IMF预测，如果疫情持续至2021年，明年全球GDP可能会萎缩2.2%。如此情况下，中国近两年面临的经济压力将比较大。

疫情对"一带一路"的"五通"各个方面，尤其是民心相通造成不少困难。主要体现在以下几个方面：

一是对涉及人员流动的项目，尤其是在建项目造成不少困难。由于疫情时值春节，不少劳务、工程人员滞留国内，无法返岗，影响项目进展。在谈项目影响更大，尽管可以提供线上沟通，但很多项目都需要当面接触、签约，因此不得不推迟，甚至流标。

二是疫情增加了卫生检疫时间，增加了检疫成本，不利于港口建设、国际运输与通关便利化等。

三是源头企业，尤其是疫情暴发初期，湖北、武汉的源头企业无法正常、及时供货，导致供应链出问题，影响项目正常运转。疫情导致在建、在谈项目的运转、招投标、签约等影响，会引发违约理赔等方面的问题。尽管贸促会可以给企业出示不可抗拒证明，提供法律、信息服务，国家也出台一系列举措帮助"一带一路"项目企业渡过难关，但这无疑会进一步增加"两行一保"压力。

总体看，面对疫情，中国承受了巨大的国际压力，但凭借正确防控策略、强大组织协调和全面资源动员能力也率先迎来疫情拐点，复产复工稳步推进，这为中国引领疫情防控、产业支撑、金融稳定打开了战略机遇窗口。在经济方面，在全球生产大停滞背景下，中国全产业链优势叠加率先复产复工优势，使中国成为全球唯一保持供需稳定的大型经济体，一方面能向相关国家释放有效需求刺激其经济复苏，另一方面也能满足相关国家的产品需求，形成稳定支持。从金融主动权的角度看，在全球缺乏美元流动性、供需又严重承压的极端状态下，中国可通过央行间的货币互换、出口信贷、人民币长期贷款等方式在美元荒背景下为相关国家补充珍贵的流动性。

二、美国抹黑中国的十大论调

新冠肺炎疫情对中美关系造成了巨大冲击，双边关系下滑的速度加快，官方关系僵持不下，战略互信缺失日益严重，民众之间的不信任和反感情绪空前上升。据皮尤研究中心民调显示，疫情以来美国民众对华负面情绪增大。在受访的1000名美国民众中，对中国持正面态度的仅占26%，十分之九的受访者认为中国是美国的威胁，其中62%的人认为中国是主要威胁。2019年中美之间达成第一阶段经贸协定执行难度将加大，经济和技术逐步脱钩已是难以逆转的趋势，各方面的交流也将进一步压缩。

自新冠肺炎疫情出现以来，美国舆论场就出现了各类抹黑中国的论调：一是"经济骤降"论。例如《纽约时报》2月11日发表题为《"就像中世纪的欧洲"：新冠疫情重创中国经济》的评论文章就表示，疫情使得中国经济基本处于停摆状态。二是"中美脱钩"论。例如，美国商务部长威尔伯·罗斯1月31日对福克斯商业频道表示，新冠肺炎疫情"有助于加速工作岗位回流北美，其中可能部分回流美国，部分则流向墨西哥"。三是"国设崩塌"论。在美国社交媒体，网友模仿"人设崩塌"一词，编出"国设崩塌"论，用以污蔑中国负责任大国形象的"崩塌"，鼓吹中国无法按期实现全面建成小康社会的目标。四是重提"东亚病夫"论。典型代表为《华尔街日报》2月3日刊登的题为《中国是真正的东亚病夫》的文章。五是新"黄祸论"。污蔑"新型冠状病毒"系"中国制造"。六是"新1984"论。宣称新冠肺炎疫情暴发以来，中国采用了大量的高科技手段来控制病毒的传播。2月20日，"美国真实政治网"（Real Clear Politics）刊文，认为中国政府为了让中国迅速实现现代化和富裕起来所展现出的决心和采取的政策措施与乔治·奥威尔的《1984》有点类似。七是"生化武器"论。例如1月31日，美国共和党反华参议员汤姆·科顿发推特要求美国政府立刻"封杀中国"，要求所有美国人离开中国，甚至污蔑病毒是武汉实验室泄露的"生化武器"。八是"世卫偏袒"论。世界卫生组织总干事谭德赛对中国防疫成绩的肯定被美国某些政客和媒体说成"偏袒中国"。2月12日，谭德赛再被问及是否受到中国的授意和压力而一再褒扬中国，谭德赛表示强烈不满并对此进行反驳。九是疫情不透明、耽误世界论。美国白宫国家安全顾问奥布莱恩3月11日说，中方在疫情暴发之初进行了掩盖，导致国际社会耗费了两个月的时间作出反应。美国有人声称是中国导致疫情扩散，要对中国发起诉讼，并提出高额疫情索赔。十是赎罪论。中国积极援助其他受疫情冲击国家，是为了替自己赎传播世界病毒的罪。

三、美国将会如何干扰"一带一路"建设

近年来，尤其是在2019年欧洲多国相继与中国签署"一带一路"合作协议、第二届"一带一路"国际合作高峰论坛取得成功的背景下，部分美国官员、媒体以及智库对"一带一路"的消极与负面反应明显增多。基于此前事实来推测，在可预见的将来，美国至少会在三个方面干扰"一带一路"建设：

一是继续在舆论层面抹黑"一带一路"。近年来，一些美国官员在联合国安理会等国际组织公开批评"一带一路"，《纽约时报》《华尔街日报》、CNN等媒体大做"一带一路"的负面文章，对"一带一路"项目、工程与诸多基建、能源、产能合作的进程施加压力，势必会对"一带一路"持续发展产生一定程度的阻碍。

二是继续通过技术封锁、金融制裁，阻挠一些中小国家与中国的合作。近年来，美国以国家安全和外交利益为由，将数十家中国企业与机构列入出口管制清单，还重点对中国就通信设备、集成电路、半导体等高技术领域知识产权保护和技术转让发起所谓的"301调查"，

同时扩大对华军事用途出口的许可证商品范围。一些中小国家往往会因此放缓与中国在"一带一路"框架下的合作速度。

三是通过颠覆一些国家的政权，利诱新政权全盘否定与中国"一带一路"相关的各项合作协议。过去十多年，乌克兰以及中亚、南亚、西亚、北非等地区多个国家遭遇"颜色革命"，中国在当地国家的诸多项目受到不同程度的冲击。可以预料，一些国家新政权上台，一些"一带一路"项目工期款项及相关协议内容可能会遭遇不确定的风险。

当然，"一带一路"建设大势并没有因为美国的干扰而停止。美国只是干扰变量，不可能在全球拥有一呼百应的号召力，诸多舆论抹黑与威慑也不能阻止各国政府与民众对中国发展红利——"一带一路"的发自内心的追求。

疫情后对"一带一路"建设的干扰破坏可能还包括以下几个方面：

一是渲染互联互通带来依赖中国风险和公共卫生安全风险，并着手实施新的破坏。近期，美国国家航空航天局资助美大学研究中亚地区，尤其中国—中亚—西亚经济走廊的变化情况，以及正在出现的传染病威胁，包括新冠肺炎疫情，以预测"一带一路"等大规模发展计划带来的经济、公共健康和环境风险。

二是利用有关国家过于依赖中国带来风险的疑虑，破坏供应链。在疫情影响下，一些共建"一带一路"国家可能产生过度依赖中国、"鸡蛋放在同一个篮子里"的疑虑，这将加速美西方对"一带一路"国家影响力的争夺。以非洲为例，欧盟出台新的对非战略文件，希望与非洲建立现代化的、面向未来的新伙伴关系，直指中国为竞争对手。这些情况都对中国"一带一路"建设带来新挑战。

三是加大金融手段阻止资金融通、人民币国际化。"一带一路"建设要可持续发展，资金融通至关重要。疫情下，世界经济陷入衰退，"一带一路"沿线国家受到巨大冲击，出现赖账可能。美国一方面搞量化宽松，转嫁国内经济困难，制造国际金融市场动荡；另一方面又利用美元霸权为油价、大宗商品波动推波助澜，造成"一带一路"沿线国家政局动荡，破坏人民币国际化。

四是运用信息—情报手段破坏关键项目安全，制造混乱。"一带一路"建设朝向高质量方向发展，技术安全、标准的协同日益复杂，关键技术、标准受制于美西方的局面还会持续相当长时期，这为美国利用信息—情报手段停摆某些关键项目，尤其是涉及天上、地上、海上、网上的互联互通，包括电网、北斗导航和光缆等提供了便利。

五是制造"数字时代1984"污蔑"一带一路"侵犯人权和隐私。"一带一路"建设从传统基建转向新基建，既有利于中国信息技术、标准走出去，打造数字"一带一路"，同时也给美西方污蔑中国借防疫监控、侵犯他国人权隐私提供了机会，从而从"一带一路"沿线国家法律或国际法规（如《世界人权宣言》）层面进行破坏。

六是污蔑中国借"一带一路"建设输出中国模式——"数字化+举国体制"，在国有企业的不公平竞争、中国共产党的领导上大做文章。特别是数字丝绸之路建设，面临三大代表性挑战。

一是安全问题。目前，世界上三分之一的新增海底光缆都是由华为公司铺设，海底光缆事关大数据和信息安全。过去，拉丁美洲和非洲之间没有一根海底光缆，2019年底建设了喀麦隆到巴西的第一根海底光缆。现在智利也要与华为公司合作，引进第一条5G海底光缆直通中国。这被美国视为军事、产业竞争上的"威胁"。所以，美国打压华为公司的原因，并不仅仅是其宣称的理由。

二是产业政策。现在部分西方国家在指责中国的产业政策，但他们一方面批判我们，另一方面又学习我们。比如，美国成立人工智能国家委员会，欧盟也在进行产业政策协调。我们要保持战略定力，意识到美国称赞我们，可能是希望我们犯错误；批评、打压我们，可能说明我们做的是对的。

三是国际环境。美国对中国的战略打压，包括打压华为公司的 5G 技术推广、中国发展模式和崛起势头，不仅推行美国与中国脱钩，而且让"五眼联盟"（由美国、英国、澳大利亚、加拿大和新西兰的情报机构组成的情报间谍联盟）5G 建设弃用华为公司技术，胁迫美国盟友与中国脱钩，推行全球供应链"去中国化"。近年来，美国还以国家安全和外交利益为由，将数十家中国企业与机构列入出口管制清单，就通信设备、集成电路、半导体等高技术领域发起知识产权保护和技术转让开展所谓"301 调查"，同时扩大对华军事用途出口的许可证商品范围。一些中小国家往往会因此放缓与中国在"一带一路"框架下的合作速度。不仅如此，美国还污蔑中国借"一带一路"建设输出中国模式——"数字化 + 举国体制"，在国有企业不公平竞争等问题上做文章，破坏数字丝绸之路建设。

总之，疫情后各国对全球化会有更多质疑，走向地区化或自保，对中国、对"一带一路"建设出现新的不安情绪，对全球化和外部世界风险的担忧会助长民族主义、民粹主义进一步抬头，为美国破坏"一带一路"推进的全球互联互通伙伴网络带来便利。

四、中国的应对

当今世界处于百年未有之大变局中，大变局是新旧两种全球化交替作用的结果。原本的全球化是资本驱动的全球化，强调盈利、利润最大化，在国家权力和世界治理层面上强调分配。今天，人的全球化正在出现，不再是"globalization"，而是"glocalization"，强调"global"加"local"。新冠肺炎疫情或将导致"逆全球化"倾向加剧，使经济全球化遭遇更强逆风和回头浪，单边主义、保护主义更加肆无忌惮，各国技术性贸易壁垒、检验检疫措施进一步加强。新形势下，为有效应对困难挑战，推动"一带一路"建设高质量发展，中国需要转变思路，创新理念模式。建议：

（一）建议将"中国+"模式转向"+中国"模式。现在"一带一路"建设是"中国+"模式，沿线国家都是和中国合作。将来，我们应搞多边化、地区化，推行"+中国"模式，探索"一带一路"建设有名有实、有名无实、有实无名相结合的混合模式；将"一带一路"推动全球化目标中增加安全内容，即"一带一路"的目标是推进开放、包容、普惠、平衡、安全的全球化，构建人类命运共同体。

（二）推动区域、次区域合作提速。疫情推动全球供应链的回摆或多样化，避免过长、过于集中某地，增加了"备胎"思想，甚至推动将抗疫物资列为与军需物资相同的战略地位。这也提示我们，"一带一路"建设要坚持以点带面、从线到片，逐步形成区域合作大格局，形成网格状、地瓜式全球地方化（glocalization），加强地区、次区域、跨区域治理网络的互联互通，以减少有关国家疑虑，也减少中国承担的风险。

（三）加速推动"健康丝绸之路"建设。当前，抗病毒药物及疫苗研发的国际合作与竞争正在如火如荼地进行，全球公共卫生治理制高点的争夺加剧。"一带一路"公共卫生合作机制既要着眼于公共卫生安全，也要着眼于国际话语权建设和卫生科技制高点争夺。明年第三次"一带一路"国际合作高峰论坛应把公共卫生纳入议题，从合作机制上将其打造为"一带一路"合作亮点。要创新合作机制，解决资金问题，强化"一带一路"沿线国家应对危机的能力。可以考虑针对欠发达国家和地区，提供卫生援助、培训、技术转让等。把我们先进的通信技术、中国特色跟医疗结合，建立远程医疗救助平台，一旦将来出现类似新冠肺炎疫情的紧急状态，可以通过网上学习、培训、远程会诊等方式加以应对。

（四）加速推进数字"一带一路"建设。哈佛大学一个疾病研究团队的研究结论表明，全世界民众到 2022 年底之前可能都需要间歇性地进行某种程度的社交隔离。这促进了非接触经济模式的兴起，数字化、网络化、智能化建设"一带一路"也要提速。

（五）加快"一带一路"建设法治化进程。要充分发挥"一带一路"合作机制（已签署合作文件）的统筹协调作用。要在充分考虑所在国、所在地区和国际法规制的前提下，加快"健康丝绸之路"建设、数字"一带一路"建设的速度，推进标准对接和法律对接，或加速相关立法进程，保护"一带一路"建设成果，使之不可逆，也让美国无机可乘。

（六）加强与欧盟互联互通战略对接，共同推进有实无名的"一带一路"建设。鉴于特朗普政府一心为大选"死磕"中国，中美关系处境艰难，为高质量共建"一带一路"，与欧洲在其框架下开展透明的、双向的、共享的合作变得尤为重要。此举也将有助于实现联合国 2030 年可持续发展目标，开创人类"文艺复兴"的新境界。

（七）"一带一路"建设既要看到疫情的倒逼作用，也要充分考虑到变局的时代背景。为此，笔者在共商共建共享原则基础上提出"一带一路"的"三通"法则：第一是通约。即与西方的标准、现行国际规则要通约，寻找最大公约数，不能推倒重来；第二是通达。已欲立而立人，己欲达而达人。"一带一路"建设要实行问题导向、目标驱动。规则不是越先进越好，关键要解决问题，助力"一带一路"国家将命运掌握在自己的手里；第三是通用。"一带一路"建设推崇通用性技术标准，即把中国的、当地的和国际的（包括宗主国的），进行对接和融通。

屠新泉　对外经济贸易大学中国WTO研究院院长，教授

WTO 改革在即，中国应高举多边贸易体制大旗

自世界贸易组织（WTO）成立 20 多年来，世界经济和贸易快速发展，WTO 被认为在其中发挥了重要的体制性作用。2008 年全球金融危机之后，多边贸易体制依然保持总体开放，而不是重蹈 20 世纪 30 年代大萧条的覆辙，充分展现了 WTO 作为世界贸易稳定器的作用。然而，受新冠肺炎疫情影响，全球经贸环境更加严峻，为世界贸易带来进一步的冲击。尤其是在保持现有贸易自由化成果方面成就显著的 WTO，近些年在进一步推进贸易自由化进程方面却进展甚微。除了在建立之初达成了金融、电信、信息技术产品等部门协议以及 2013 年达成的《贸易便利化协定》，自 2001 年 WTO 发起的多哈回合谈判至今依然深陷僵局。随之在 WTO 框架外兴起的由 WTO 成员广泛参与的区域贸易安排大有取代 WTO 成为新一代国际贸易和投资规则制定者之势。而多哈回合自发起以来始终无法取得实质性突破，究其原因，是受到世界宏观经济、政治环境以及 WTO 自身体制机制等诸多因素影响的结果。新冠肺炎疫情过后，WTO 将何去何从，将是值得关注的话题。

美国作为多边贸易体制事实上的创建者和领导者，其对 WTO 的

态度在很大程度上决定了 WTO 的命运。在 2017 年美国特朗普政府上台之后，WTO 就面临日益严峻、前所未有的挑战。2018 年美国发起对中国的大规模贸易战，实际上是侧面反映了美国政府无法利用现行国际贸易体制约束中国而产生的强烈不满。而自 2017 年以来美国不断提出改革 WTO 的讨论，则是从正面表达了美国的情绪。从这个角度来说，美国对华贸易战与 WTO 改革反映的是一体两面的同一个问题，即美国如何看待中美大国竞争以及国际体制作用的问题；而对中国来说，后疫情时代，如何利用现有体制或修正现有体制以构建一个良性的中美经贸关系，则是我们当前面临的关键问题。

一、美国对 WTO 的真实态度

自美国特朗普政府上台以来，WTO 成为其民粹主义、孤立主义和反全球化行动的主要攻击对象之一，也是目前为止全球经济治理体系中美国唯一采取实质性破坏行动的对象。其原因首先在于 WTO 是当前全球经济治理体系中民主化程度最高、独立性最强的一个国际组织，其协商一致的决策方式和自动通过的争端解决机制，决定了没有一个国家能够完全控制 WTO。从 2008 年 7 月 WTO 部长级会议无果而终之后，美国就已经意识到其无法控制或主导 WTO，奥巴马政府推行 3T 战略（TPP、TTIP、TISA）事实上就已经是一种另起炉灶的策略，以弱化 WTO 的作用，重新获取美国对世界贸易体系变革的主导权。而特朗普政府则是采取了釜底抽薪的方式，利用 WTO 的民主决策，恶意瘫痪 WTO 上诉机构，并任意滥用单边贸易保护主义措施，破坏 WTO 的权威性，放弃以往所推行的以规则为主导的贸易治理，重塑美国的"强权即真理"的贸易策略。从其动机来看，特朗普政府仍然是想最大化其所认为的贸易利益。抛开 WTO 之后，美国政府采取以单边贸易限制措施破坏既有承诺、为自己创造施压和谈判筹码,并在 WTO 之外通过双边谈判的方式,尽可能多地迫使相关贸易伙伴作出单方面有利于美国的新承诺,如美国对韩国、墨西哥、加拿大、日本等采取的策略。对中国发动的贸易战事实上也是这一策略的贯彻。与此相呼应,美国破坏 WTO 的运转和权威,正是为其单边施压、双边谈判制造合法性和行动自由。

尽管美国发动对华贸易战明显违背 WTO 规则,但美国却频繁指责中国违反 WTO 规则,包括"301 调查"中指出的中国技术许可措施。美国也发布多份报告指责中国没有很好地执行 WTO 规则和义务,尤其批评中国以发展中国家身份为理由拒绝承担与其发展水平相适应的开放义务,对美国造成不公平、不对等的竞争。但事实上,美国政府非常清楚中国执行 WTO 规则的纪录相当良好,尤其是中国从未拒绝履行 WTO 争端解决中的不利裁决。因此,即便中国存在没有完全执行 WTO 规则的情况,那么美国最合理的反应方式应该是诉诸 WTO 争端解决机制,并敦促中国执行相关裁决和规则。可见,美国发动单边对华贸易战,从根本上绝非因为中国不能很好履行 WTO 义务,而是由于美国清楚意识到现有的 WTO 规则难以有效约束中国不断提升的国际竞争力。美国贸易代表办公室就承认:"显然 WTO 规则不足以制约中国的市场扰乱行为。尽管中国政府的某些有问题的政策和做法被 WTO 专家组或上诉机构认定为违反中国的 WTO 义务,但是其最引起麻烦的许多措施并不直接受到 WTO 规则或中国入世议定书中的附加承诺所约束。"[1] 这也就意味着,美国事实上是知道中国并没有违反 WTO 规则的,因此通过诉诸现有的 WTO 规则是无法解决其利益关切的。这也是美国政府之所以采取公然违反 WTO 规则的关税措施来试

---

[1] USTR, 2017 Report to Congress on China's WTO Compliance, p2.

图缩小中美双边贸易失衡的原因之一。而另一方面，美国也并未放弃通过制定新的规则或者弥补 WTO 的规则漏洞来对中国形成有效约束的尝试，这也正是自 2017 年以来美国不断鼓动 WTO 改革的真实目的。2017 年 10 月 30 日，美国向 WTO 总理事会和货物贸易理事会提交了一份题为"WTO 协议下提高透明度和加强通报要求的程序"①，首次提出要对 WTO 进行"制度性改革"（institutional reform）。

可以看出，当前的特朗普政府完全否定了 WTO 这一美国主导建立的国际机制，其用意绝非对 WTO 进行修修补补的改良，而是全面质疑和破坏 WTO 的基本原则和机制。尤其值得注意的是，上述美国对 WTO 的质疑都或多或少与中国相关。这主要体现在四个方面：

一是质疑多边谈判机制是无效的，同时削弱了美国的优势，导致了对美国的不公平待遇。特朗普政府认为，多边谈判机制要求全体成员协商一致，费时费力，多哈回合十多年没有取得成功已经表明这种模式的失败。同时，多边谈判使美国的力量优势难以发挥，其他成员可以抱团共同对抗美国的要求。因此特朗普政府偏爱双边谈判模式，利用美国的力量优势胁迫对方做出让步，而往往美国不需要做出任何减让。尤其是在针对特定贸易伙伴的市场准入谈判中，双边谈判确实让美国获得显著利益。但特朗普政府并未完全放弃 WTO，尤其是在规则领域的诸边谈判，因为涉及规则或规制问题，双边谈判难以开展。因此，美国仍然积极参加电子商务谈判。对于其他议题，如非市场经济行为等，美国也倾向于通过诸边谈判来制定规则。对多边谈判机制的质疑早在奥巴马政府时期就已表现出来，只是奥巴马政府转向了大型区域谈判（即 TPP、TTIP 和 TISA），而特朗普政府则转向了双边谈判。与奥巴马政府相比，特朗普政府对于建章立制的兴趣要明显小得

---

① WTO 文件，WTO/JOB/CTG/10.

多,而更在意通过自己压倒性的力量优势在双边谈判中获得市场准入的实惠,既包括扩大出口机会,也包括减少进口。众所周知,奥巴马政府的大型区域谈判刻意排除了中国,但其真实的目标恰恰是中国,即通过不包含中国的制定规则过程来对中国形成倒逼和压力,并最终迫使中国接受其主导制定的规则。而特朗普政府则直接针对中国,试图通过双边施压迫使中国单方面作出让步,来满足其削减对华贸易顺差、保护美国制造业和美国技术优势的目的。因此,抛弃多边谈判机制的根本目标之一是削弱多边主义给予中国的道德优势和谈判空间。

二是质疑争端解决机制损害了美国的主权,认为国际法优先于国内法是不利于美国的。尤其是上诉机构成为美国的眼中钉,因为其在多个涉及美国贸易救济措施的案例中对美国做出了不利裁决。美国认为,上诉机制这种独立的国际司法体制不利于发挥美国的力量优势,且对美国国内法有直接的干预。因此,美国已经通过阻挠上诉机构成员任命的方式决心在 2020 年年底前瘫痪上诉机制,但美国应该会主张保留正向协商一致的专家组程序,即恢复到关税及贸易总协定(GATT)时期的争端解决机制,从而恢复美国行使单边措施的权利。美国对上诉机构的不满在奥巴马政府时期已经暴露出来,而其重要原因之一正是上诉机构在多个中国诉美国的案件中支持了中方的主张,尤其是在 DS379 一案中,对美国反倾销和反补贴的双重救济和公共机构的认定方法上,上诉机构推翻了专家组原本有利于美方的裁决,转而支持中方的主张。这被美国认为严重损害了其在 WTO 协议下的应有权利,超越了所谓 WTO 的授权。

三是质疑特殊和差别待遇原则让发展中国家占了美国的便宜。美国在多个文件中指出,现在 WTO 中的发展中国家自我声明的做法不符合现实变化,一些已经发达了的发展中国家仍然冒领 WTO 中的特殊差别待遇，尤其是在进行中的谈判中，以此为由拒绝做出更多的减让。因此，美国主张对发展中国家重新分类，达到其标准的发展中国家不得再主张特殊和差别待遇。虽然美国将矛头指向很多发展中国家，但无疑其最大的目标是中国。在其发布的关于发展中国家地位的备忘录中，用专门段落分析中国已经不是发展中国家，更明确威胁取消中国等成员的发展中国家地位。但其自相矛盾的是，美国在该备忘录中又声称其自中国申请加入WTO以来从未承认过中国的发展中国家身份，如果是这样，又谈何取消对中国的发展中国家待遇？因此，美国挑战所谓发展中国家自我认定的做法，无非是通过对规则吹毛求疵，以达到迫使中国接受更高义务，实现其所谓平衡、对等贸易关系的目的。

四是质疑现行WTO机制无法有效约束非市场经济国家。这一项是完全针对中国量身定做的。美国自从奥巴马政府时期就频繁指责中国的所谓国家资本主义，认为中国特色的经济体制给中国在国际竞争中创造了独特的不公平的优势，而现在WTO规则并没有考虑到中国这样的一个体制，因而无法有效约束中国的行为。因此，美国主张制定针对补贴、国有企业、强制技术转让等新议题的国际规则。目前美欧日三方机制一直在研究相关问题，但美国并未提出明确的路径来制定这些规则。尽管从理论上看，WTO的确是基于市场经济的，但是从法律上看，WTO从未要求成员必须实行市场经济制度，也从未定义过何为市场经济，甚至在整个WTO法律文本中根本没有"市场经济"一词。这主要是因为WTO成员都认识到本来就没有一个统一的市场经济标准，而且WTO尤其是之前的GATT以实现消除边境贸易限制为主要目标，而一国的国内经济体制并不直接影响边境措施的实施或取消。当然现在经济全球化早已突破贸易一体化，而主要通过资本流动的形式来开展，资本流动则要求各国间有更加统一和协调的国内经济体制。但是这需要全体 WTO 成员共同努力，不断扩展和深化现有规则，努力将 WTO 升级和扩大为世界贸易投资组织（WTIO），而不能靠妖魔化中国的经济体制、试图为中国量身定制一套歧视性的规则。

二、美国 WTO 改革方案成功的可能性

美国无疑仍然是当今世界综合国力最强、也是战略制定能力和实施能力最强的国家，中国已经被确定为美国的战略竞争对手，因此美国对中国各个方面的战略压力必将呈现越来越强的趋势。在对华贸易关系上，美国从双边和多边两条战线上分进合击，试图压垮中国的对抗意志，破坏中国的国际形象，以最终达到大幅度削弱中国国际竞争力、把中国规锁在美国主导制定的国际体系下的目的[①]。但是，特朗普政府恐怕也是历届美国政府中最缺乏战略协调的一个，虽然美国已经在双边和多边两个方向上对中国构成了巨大压力，但其自身相互矛盾、过于追求自身利益最大化的政策取向，很可能导致这一策略难以取得其预想的效果，甚至会反伤及自身，进一步削弱美国的国际影响力和领导力。

从中美双边贸易来看，特朗普政府的策略就是通过污名化中国来获得实施单边加税的理由、通过单边加税来获得对华谈判的筹码、通过双边谈判来获得实际的市场准入利益，但在这三个步骤上，美国都存在致命的缺陷，使得其实施效果大打折扣。首先，美国给中国罗织的罪名都是依据其本国法律，根本得不到 WTO 规则的支持，因此也

[①] 张宇燕、冯维江：《从接触到规锁：美国对华战略意图及中美博弈的四种前景》，载《清华金融评论》，2018 年第 7 期。

难以获得充分的正当性，无论对中国还是其他国家来说，都无法做到以理服人，也使得美国不得不依靠以力压人。其次，美国过高估计了对华单边加税对中国构成的压力，虽然中国对美出口远大于自美进口，但中国对美国市场的依赖度、中国经济对外贸的依赖度与之前相比已经大大下降，加征关税虽然可以对中国的对外贸易形成压力，但不足以对中国经济整体构成严重冲击。美国过高估计了自己的能力，而过低估计了中国的韧性。第三，美国错误地把中国的谈判意愿视为软弱可欺，以为中国会像以往的"301调查"或者近两年其他的双边谈判对手一样，无条件接受美国的任何要求。

就WTO改革而言，特朗普政府对全球经济秩序尤其是贸易秩序的规划和设计，在某种意义上是要回归到20世纪80年代的GATT体制。即美国要摆脱多边争端解决机制的约束，可以任意使用"301调查"等单边威慑工具，迫使其他国家接受符合美国利益的要求，重振美国制造业以巩固美国的经济优势，并且重建以美国为核心的西方国家阵营，排斥中国等新兴市场国家，制定新的规则体系，并在适当时机迫使中国等接受美国设计的框架。然而，当今世界已经不是20世纪80年代，无论是美国的硬实力还是感召力，都无法与当时相提并论。尽管加拿大、墨西哥、韩国等对美国过度依赖而不得不接受美国的讹诈，但欧盟、日本则有更强的实力抵制美国的要求，尤其是不利于其自身利益的要求。从日本来看，虽然美国退出了TPP，但日本仍然坚持维持TPP，并成功完成CPTPP的谈判，表现出独当一面的能力。欧盟则是表现出对贸易自由化和多边贸易体制的坚定支持，不仅完成了与日本的FTA谈判，也独自提出了改革WTO的方案。针对美国阻挠上诉机构成员的任命，欧盟也多次表示强烈批评。此外，由于美国在北约、气候变化、伊朗问题、巴以问题上与欧盟分歧严重，也导致欧盟对美国的信任显著下降。因此，尽管美欧日在针对中国的一些政策上有一致的看法，但对于如何处理上却并不一致。美国打算抛开多边体制，利用单边或集团施压迫使中国改变，而欧盟、日本以及加拿大等都希望维持多边体系的权威，通过改革WTO来制定新规则，规范或约束中国以及其他发展中国家的一些政策。

从WTO内部的立场站队来看，对于美国的单边主义，所有其他WTO成员都是坚决反对的，因为美国的单边主义直接伤害了其他成员的利益。在这个问题上美国没有任何同盟，美国也完全没有顾忌其他政治盟友的利益。自2018年4月以来，欧盟、印度、土耳其、墨西哥、加拿大、俄罗斯、中国等7个成员都（曾）对美国的单边关税实施了报复措施，中国、韩国、俄罗斯、印度、欧盟、加拿大、墨西哥、挪威、瑞士、土耳其等10个成员对美国的单边措施提出17次争端解决申诉。美国瘫痪上诉机构的做法同样没有得到任何一个成员支持，2019年11月22日，117个WTO成员联合提议任命上诉机构成员，以使其恢复运转。但另一方面，美国的盟友们始终没有放弃将美国重新拉回多边体系的努力，这既是因为他们需要多边体系来制约美国、维护自身利益，也是因为他们需要美国来制衡中国，维护他们理想中的自由经济秩序。如2017年发起的美欧日三方部长会议机制，从欧盟和日本的角度，很重要的目的是为了把美国留在多边框架下，抑制其任意妄为的单边措施，但同时也是联合美国，共同向中国施加压力，尤其针对所谓非市场导向的行为和政策，三方有着共同的利益和认识。WTO中占大多数的发展中成员在立场上同样既有坚决反对美国单边主义的成分，也有希望作出一定退让以留住美国的成分，如巴西放弃发展中国家身份就是一个典型。印度、南非等强烈反对美国取消发展中国家特殊和差别待遇的要求，但对约束非市场经济行为和政策也不反对。综合来看，其他 WTO 成员的总体态度是维护 WTO 的生存，希望利用多边规则来保护其面对美国、中国等大国时的利益；反对美国的单边主义，但是并不反对美国要求改革 WTO 以约束非市场经济行为的主张。

三、 WTO 的未来前景

综合上述分析，WTO 对包括美国在内的所有成员来看仍然具有不可替代的价值。美国不会退出 WTO，因为 WTO 仍然是其针对中国的行动获得合法性的重要平台，特别是中美贸易战过去两年的交锋已经让美国意识到以往对日本的单边极限施压无法在中国身上奏效，解决与中国之间的结构性问题仍然需要同盟、需要 WTO。同时，WTO 也是美国维持和其他众多 WTO 成员基本贸易关系的基础框架，双边协议仍然是基于 WTO 承诺的。其他成员当然更没有动力去破坏 WTO，即便他们无力阻止美国的单边行为，但也不会跟随美国，因为毕竟有实力采取单边威慑的国家并不多。至于美国以及西方国家是否会另起炉灶，在 WTO 之外建立一个新的替代性的组织，从目前来看，特朗普政府没有这样的意愿，也没有表现出任何这样的动向。事实上，奥巴马政府的策略更类似于在 WTO 之外另起炉灶，但特朗普政府已经退出 TPP，也终止了 TTIP、TISA 谈判，其对盟友采取的单边贸易保护措施也完全不是在为构建新的同盟做准备的有益策略。美国现在采取的一对一各个击破的谈判策略不是为了构建一个新的多边体系，而只是构建一个以美国为中心的双边协议体系，而且这一双边体系是基于 WTO 的多边框架，而非取代 WTO。至于其他西方国家，应该也没有动力和意愿去这样做，虽然西方国家普遍对中国的经济体制存在疑虑和不满，但中国的市场仍然是他们所需要的，而美国的单边做法在伤害他们的利益。他们的现实选择仍然是把美国留在 WTO 内，并利用 WTO 来同时制约中国和美国。

至于当前 WTO 面临的功能性危机，上诉机构的瘫痪的确削弱了 WTO 争端解决机制的效力，但是上诉机构的瘫痪并不意味着整个 WTO 争端解决机制的终结。从程序上看，争端解决机制的前两个阶段分别是磋商和专家组。在 1995—2018 年间，总共有 573 个案例被提起，其中 40% 的案例都是通过磋商得到解决的，而真正产生专家组报告的只有 249 个，而其中 1/3 的案例并没有被提起上诉。也就是说，真正进入上诉阶段的案例只有 166 个（占 573 个案例的不到 30%）。因此，只要相关成员之间有足够的意愿解决彼此间的争端，即便没有上诉机制，大部分的争端仍然可以得到解决。WTO 的多哈回合则已经停滞很多年，其他分议题谈判在条件适当的情况下并不受多哈回合停滞的影响而取得一定成功，如贸易便利化、信息技术产品谈判等。WTO 的 2020 年预算也已经获得批准，这意味着 WTO 在贸易政策审议、各委员会、理事会、秘书处的日常工作仍可正常进行。因此，作为一个国际组织而言，WTO 仍然基本处于正常状态。

四、中国的策略

从全球经贸治理的角度来看，中国仍然需要继续为巩固和发展基于规则的世界秩序努力。长期而言，中美之间终究要找到和平共处的方式。这部分取决于美国如何自处，也取决于中国如何确立一个处理对美关系的长期框架。从历史经验来看，世界前两个大国之间和平共处应当建立在一个以规则为基础的国际体系之上，单纯基于力量和权力的争斗很可能产生灾难性的后果。就贸易领域而言，世界贸易组织无疑是处理国际贸易关系的基础体系。当前由于特朗普政府对 WTO

的消极抵制态度，其争端解决机制面临瘫痪的风险，但这种态度并非美国政界和学界主流，也受到其他WTO成员的普遍批评。因此，WTO仍可能成为处理中美经贸关系长期发展的主要平台。但为此WTO也应当进行必要的改革，尤其是要提高其处理相关贸易议题的有效性和效率。美国当前的主要诉求是制定新规则，以应对或规范所谓中国的非市场导向行为和政策，但同时又排斥有约束力的争端解决机制。

对此，中国的态度一方面是要坚决与美国斗争，并团结其他成员，坚决维护争端解决机制的有效性，并通过适当的改革提高其效率；另一方面是WTO应当有一定的灵活性来处理世界贸易中的新问题，包括与中国密切相关的问题，尤其是通过诸边谈判的形式来制定适用于部分成员的新规则。WTO在当前的国际经贸治理中仍然居于核心地位，美国违规的负面形象恰恰为中国在WTO中发挥更大建设性作用创造了机会。放眼世界，美国的贸易霸凌主义不仅仅针对中国，也涉及欧盟、加拿大、墨西哥等国家，从而引发了国际社会的群体性不满。中国应与这些国家一道，共同维护多边经贸体制，努力构建更为公平、正义、和平、稳定的国际政治经济新秩序。WTO作为一个成员驱动的国际组织，其行为在相当程度上受到美国这样关键成员的影响，但是美国并不能完全代表或左右WTO。虽然WTO规则是在美国领导下建立的，但其运作具有自身的逻辑和规律，而其他WTO成员更不应受到美国的错误影响。

因此，对WTO来说，尤其是除美国之外的WTO成员来说，团结起来坚决反对美国的单边主义和贸易霸凌主义，维护WTO这一多边平台的有效性和权威性，是当前最有力的应对措施。一方面，WTO成员应当积极运用WTO的争端解决机制，对美国的单边保护主义行为进行法理上和道义上的批判，即使由于美国的阻挠上诉机构无法正常运作，但WTO争端解决机构依然可以通过专家组报告对美国的违法行为予以有力的认定和谴责。另一方面，WTO成员应当采取协调行动，对美国的单边措施给予有力的回应和反制，只有让美国感受到单边措施给自己的利益带来巨大的伤害，才能让美国清醒地意识到，即使是最强大的国家也不能为所欲为，也不能利用强权征服全世界。客观地来看，WTO体制和规则确实存在需要改进的地方。中国等新兴经济体的崛起及其在经济体制上的一些不同于西方国家的特征，使得发达国家和新兴大国之间对WTO规则的理解和WTO体制的运用有相当大的分歧。这些分歧以现有的谈判模式无法得到有效弥合，进而限制了WTO谈判功能的发挥，削弱了发达国家尤其是跨国公司对WTO体制的兴趣。对此，中国作为新兴大国中的最大经济体和贸易体，应当结合入世以来中国取得的经济和贸易成就以及自身扩大改革开放的需求，对一些发达国家政府和企业关注的重要议题给予回应，并在谈判方式和目标上保持更大的灵活性。但同时，也要旗帜鲜明地指出发达国家在农业补贴、农产品贸易壁垒、技术出口限制、技术性贸易壁垒等领域存在的严重问题，推动相关成员达成权利、义务更加平衡的一系列规则。改革WTO是为了让WTO更好地反映国际贸易发展的现实，也是为了让不同发展水平的成员有更加适应其发展水平的规则体系，但这一切的前提是任何成员都不得依仗其经济力量肆意破坏既有规则。中国在与美国单边主义坚决斗争的过程正是为了捍卫多边体制，同时也为改革和完善多边体制创造必要的条件。

为此，中国一定要高举支持多边贸易体制的大旗。美国的单边主义是不得人心的，既有损大多数国家的利益，也没有道义上的正当性，而美国试图重建发达国家的小团体也是不可行的，这不仅因为广大发展中国家已经是世界贸易中的重要力量，也是因为美国始终抱着美国优先、损人利己的动机，是难以形成有效联盟的。因此，事实上现在只有美国一个国家试图破坏WTO，而其余WTO成员只要能够团结起来，仍然可以维护WTO的生存和发展。中国作为世界第二大经济体，则是责无旁贷。中国一定要以实际行动来支持WTO，承担一定的领导者角色。我们要相信，一个更加完善的、更有约束力的国际贸易体制对中国这样一个拥有全球商业利益、处于产业升级过程中的大国来说是有利的，即便当前对我们的一些政策可能有一定约束。我们要用发展的眼光看待中国在世界经济贸易中的地位和利益诉求，以最大的力度来加快改革开放，只有这样才能赢得世界的信任。

程曼丽 | 北京大学新闻学院国家战略传播研究院院长，教授

如何将人类命运共同体理念落实到中国的对外传播中

2013年以来，中国国家主席习近平在多个国际场合和国际会议上提出应在世界范围内努力构建人类命运共同体的倡议。

一、构建人类命运共同体为思考人类发展问题提供了新的视角

（一）人类命运共同体倡议具有现实针对性。几百年来，世界各国在全球化浪潮的推动下不断突破疆界，寻求合作，日渐形成"你中有我，我中有你"的人类社会发展格局。然而新世纪初金融危机带来的世界经济增速放缓，使全球化面临着前所未有的质疑与考验。有些人将全球问题归结于全球化，认为全球化是世界发展受阻的根源所在，于是，"贸易保护主义""政治孤立主义""逆全球化"现象不断抬头，人类社会共同发展的前景令人担忧。

而中国提出的构建人类命运共同体的主张，是以共同应对人类面临的普遍性问题与挑战为宗旨的价值理念。它超越种族、文化、国家与意识形态界限，着眼于国际社会和平、发展、合作大局，符合《联合国宪章》所规定的成员国维护世界和平与安全的原则。因此可以说，构建人类命运共同体既是一种理念、目标与愿景，更是一种价值观——人类社会共同的价值观。在当今世界面临深刻的变革与调整，

各种挑战、风险日益增多的情况下，这一价值观意义尤显重大。

（二）人类命运共同体倡议具有科学的方法论支撑。从历史上看，西方国家的价值体系（包括话语体系）是在西方文明中心论的基础上构建而成的，具有某种结构性或框架性的特征。它具体表现为一种二元对立的思维模式：非此即彼，非黑即白。这种对于客观事物的假定性论断和一成不变的言说，在早期的西方理论与实践中并不鲜见。比如西方传统的人本主义关于人的话语就隐含着男性至上、女性低下的思想。这种二元互斥的思维模式也投射到国际关系和国际话语中来，"非我族类其心必异"的意识形态偏见和话语编码即源于此。

而构建人类命运共同体，关注的是人类社会的共同利益和共同诉求。作为一种价值观，它具有科学的方法论支撑，倡导求同存异，共谋发展，反对孤立、静止地看问题，突破了非此即彼、二元对立的思维模式，为思考人类发展问题提供了全新的视角。从战略角度看，这也正是中国国际话语体系建设的突破口与立足点。

二、构建人类命运共同体有助于全球共同抗疫

构建人类命运共同体的理念或思维框架，对于目前各国联合抗击新冠肺炎疫情同样重要。它有助于我们放下历史的包袱与分歧，共同面对疫情和人类未来，形成世界公共卫生领域携手合作的共同体。

在此次新冠肺炎疫情中，中国力求在人类命运共同体的理念框架下展开对外合作与传播。

（一）与国际社会分享信息，联手抗疫。新冠肺炎疫情发生后，中国政府与世界卫生组织密切联系，及时通报疫情信息，分享病毒毒株的全基因组序列，为各国科研人员共同研制有效药物和疫苗、开发诊疗工具提供了有力的支持。2月22—23日，世界卫生组织与中方组成联合专家考察组，在北京、广东、四川、湖北进行了为期9天的实地考察。考察结束后，中国—世卫组织新冠肺炎疫情联合专家考察组外方组长、世卫组织总干事高级顾问布鲁斯·艾尔沃德充分肯定了中国应对疫情的做法，并表示"中国的方法被事实证明是成功的方法"[1]。世卫组织总干事谭德赛多次表示："中国努力控制病毒源头，限制疫情传播，为世界其他地区防控工作争取到宝贵时间。"[2] 此外，疫情发生以来，习近平主席与几十个国家的领导人先后通话，与专程访华的一些国家元首举行会谈，介绍中国疫情防控进展情况，表明中国战胜疫情的信心和对全球公共卫生事业尽责的态度。中国还与欧盟、非盟、东盟、上合组织、加共体等建立了密切沟通机制，与国际社会进行技术层面的合作，包括及时提供疫情信息和防控诊疗技术，通过视频会、电话会等多种形式加强中外专家交流，分享经验与信息。

（二）向多国提供抗疫物资、分享经验。新冠肺炎疫情发生后，世界上很多国家、国际组织以及民间团体从道义上和物质上给予中国支持和援助；而当中国自身疫情控制逐渐稳定、全球疫情形势逐渐严峻的危急时刻，面对来自多国的援助请求，中国也开始向疫情严重或医疗条件薄弱的国家提供帮助。据新华社5月11日报道，中国已经或正在向150多个国家和国际组织提供急需的医疗物资援助，并积极为各国在华进行商业采购提供便利；中国还向多个国家派遣抗疫医疗队。对于"一带一路"沿线国家，中国持续给予支持，由此形成了紧密的合作关系。这不但为中国与沿线国家民间外交的发展奠定了坚实基础，也奠定了"一带一路"框架下公共卫生合作机制的基础。相信

---

[1] https://www.finance.eastmoney.com 2020-02-24.
[2] https：//www.chinanews.com. 2020-03-6.

这一患难中形成的合作机制将会在公共卫生领域发挥更大的作用，并为世界范围内公共卫生领域的合作提供示范效应。这也使人类命运共同体的理念通过中国的切实努力和行动，在世界范围内得以传播。

总之我们看到，在这场全球性的新冠肺炎疫情中，中国以先发、先控的经历、经验前所未有地被推向全世界，成为国际社会、国际舆论瞩目的焦点。这是中国主流媒体努力了十余年都没有完全做到的（指国际传播能力建设）。因为这场疫情，美国以及世界各国的媒体每天都在报道中国的消息，特朗普在媒体简报会上几乎天天指向中国，这就让全世界感觉到，在美国这个世界第一强国的眼中，似乎就只有中国了。这客观上也让人自觉不自觉地把美国和中国进行比较，把两个国家相提并论，疫情在美国暴发后尤其如此。这种情形是以前从未有过的。

无须讳言的是，在此次新冠肺炎疫情发展过程中，中国受到来自西方国家，尤其是美国的战略防范和舆论打击，对于我们的抗疫努力和外援行动，对于人类命运共同体理念的传播产生了一定的负面影响。例如美国媒体发表了一些明显带有种族主义色彩和反华意向的言论，某些政府官员也多次表示，因为中方疫情信息不公开、不透明，贻误了美方的疫情防控。3月18日，美国总统特朗普在记者会上宣称，这是一场对抗"中国病毒"的战争。媒体发布的图片显示，特朗普把自己讲稿中"新冠病毒"的字样手写改为"中国病毒"，试图向中国"甩锅"，让中国承担道义谴责。

这就提示我们，表面上看起来的"舆论"，其实已经有了"战"的味道。既为舆论"战"，交战中的任何一方都不愿束手就擒，坐以待毙；或是在缺席的情况下被放置在人类道德的审判席上。出于这一考虑，中方采取了针锋相对的反制措施，进行舆论回击。最终结果是，当地时间 3 月 24 日，特朗普在接受福克斯电视台采访时表示，他决定不再使用"中国病毒"这一说法。但是美国对中国的各种舆论攻击并没有停止。

三、中国如何从对外传播中突围？

美国在此次疫情中对中国的舆论打击提示我们，从政治领域到安全领域，从经济发展到科技进步，新一轮的"中国威胁论"已卷土重来。就其性质而言，新一轮"中国威胁论"是世界格局、大国力量对比变化之下的产物，它所针对的不再是那个积贫积弱的中国，而是综合实力快速增长、国际影响力不断上升的中国，因而具有更强的威慑与打击力度。对于中国而言，要想突破这一话语桎梏，就要改变以西方为中心反观中国的视角，树立大国自信，掌握国际话语权。国际话语权是话语权在国际政治领域的具体体现，反映了一国在国际社会权力结构中的地位与影响。为此，我们既要坚持原则，敢于发声，向世界表明自己的态度，又要保持清醒的头脑，讲究战略战术，以大国心态从容应对，以包容、和平、理性赢得尊重。

具体到眼前的新冠肺炎疫情，中国的对外传播应注意几个方面。

一是舆论应战是必要的，它可以在一定程度上对冲美国的战略攻击，同步放大中国的声音和影响力。但是美国的舆论打击手段高明，经验老到，因此，我们在进行舆论应战的同时要注意切入角度。具体来说，如果以谁能救命（患者），救更多人的命而论，中国无疑占有优势。正如著名学者福山最近在《大西洋月刊》发表文章指出的：疫情更加让人认清一个事实，就是在政治体制上，并没有绝对的优劣，只有在"国家能力"上国与国之间才会分出高下。

因此，中国目前需要做的是，认真总结此次疫情中的各项救治措施，包括封城、隔离、大数据追踪人员流动、建设方舱医院、社区网格化管理等等，形成有效的抗疫经验与模式，突出它对于疫情防控的有效性和普遍意义，强调它能惠及更多的国家。总之，中国应以对人类社会的实际贡献表明自己的诚意与善意，最大限度地消除国际社会的误解、偏见与敌意。这不但有助于人类命运共同体理念的传播，也必将在世界范围内进一步提升中国的影响力。

二是中国对外传播话语应当上升一个层面。既然中国是在人类命运共同体的框架下来做对外传播的，就要求我们的涉外话语尽可能摆脱局限性，提升到一个更高的层面——国际化的层面。从目前的情况看，无论中国政府还是媒体都在进行这方面的努力。当然，问题也仍然存在，这直接导致我们在国际传播实践中的行为落差。具体表现在：构建人类命运共同体的价值观要求我们在平等互利的基础上说话，说共同的话，然而目前国内一些传播者的思想观念仍然停留在传统时代，表现出与大国气度、大国责任不相符的"小我"意识，和自说自话、自娱自乐的叙事特征。

鉴此，中国的国际话语体系建设亟待上升一个层面：由战术层面上升到战略层面，在构建人类命运共同体价值观的引导下对话语资源进行组织建构，形成超越语言、言语范畴的，具有思想内涵的系统性的"陈述群"（福科语）。

三是话语和行动应密切配合。目前，中国正在力所能及地为其他国家提供抗疫物资和专家援助。但是需要注意的是：一方面我们外派的医疗专家团队的工作是一种跨国、跨文化的工作，需要对当地的历史、文化、宗教习俗有所了解。我们现有的一些医疗团队是由中国红十字会整体协调，从不同地区派出去的。他（她）们都是很好的传染病学专家、临床专家以及很好的护理人员，但是对于跨文化传播的规律与要求不甚了解，又来不及培训，于是出现了一些问题，留下了一些遗憾。另一方面我们在为其他国家提供医疗物资援助时，应当做好出口抗疫产品的质量把关工作，否则就会前功尽弃。

总之，在此次新冠肺炎疫情中，中国以自己的切实努力使人类命运共同体理念在世界范围内得以传播。在中国面临新的国际舆论环境以及各种挑战的当下，如何将人类命运共同体理念落实到政府官员、新闻媒体以至每个公民的观念与行动中，使之在国际社会得到广泛的认可，凝聚更多共识，我们还要继续努力。

陈须隆　中国国际问题研究院国际战略研究所所长，研究员

张伟鹏　中国国际问题研究院国际战略研究所助理研究员

新冠肺炎疫情对推动构建人类命运共同体的影响及启示

毋庸置疑，新冠肺炎疫情作为非传统意义上的"世界大战"，给各国人民的生命安全和身体健康、经济发展与社会生活、国际秩序乃至人类社会的前途等都带来诸多负面影响。但同时，它也给人类带来许多教益。就中国推动构建人类命运共同体而言，新冠肺炎疫情从"实然"和"应然"两个维度都对其产生了积极影响，从中我们可以得到诸多有益的启示。

一、新冠肺炎疫情从"实然"维度证明人类是休戚与共的命运共同体

新冠病毒大流行以无情的事实，向世人证明了人类命运共同体的"实然"，并促使人们深刻认识和把握这一"实然"。

（一）新冠肺炎疫情危害人类命运。新冠肺炎疫情突如其来，并在短时间内席卷全球，将各国人民拖入"世界大战"，危及整个人类的生存和发展。迄今，这场大疫已波及200多个国家和地区，影响70

多亿人口,夺走了70多万人的宝贵生命。

新冠病毒是全人类的共同敌人,不会因国家、地区、身份、地位而区别对待。联合国秘书长古特雷斯表示,新冠肺炎疫情是自联合国成立以来我们共同面对的最大考验。从时间上看,此次疫情对世界经济影响远超2008年全球金融危机,甚至超过20世纪20—30年代经济大萧条;而从空间上看,不同于金融危机主要冲击全球金融市场,新冠肺炎疫情已蔓延至200个国家和地区,波及范围更广,损失更为严重。国际劳工组织发言人称,这不再只是一场全球公共卫生危机,还是一场严重的就业和经济危机。世卫组织总干事谭德塞认为,将科学政治化没有帮助,疾病才是我们共同的敌人。病毒不分国界、不分种族,全人类只有共同努力,才能战而胜之。

(二)新冠肺炎疫情强化了人类命运共同体的"实然"。在2017年12月举办的中国共产党与世界政党高层对话会上,中共中央总书记、中国国家主席习近平在主旨演讲中首次给人类命运共同体作出了一个权威定义。习近平指出,人类命运共同体,顾名思义,就是每个民族、每个国家的前途命运都紧紧联系在一起,应该风雨同舟,荣辱与共,努力把我们生于斯、长于斯的这个星球建成一个和睦的大家庭,把世界各国人民对美好生活的向往变成现实。[1]

这一权威定义告诉我们,人类命运共同体是"实然"(客观)和"应然"(主观)的统一。

人类命运共同体的"实然"是指,实际怎么样,客观事实与趋势是什么。其主要内涵是,人类生活在同一个地球村里,生活在历史和现实交汇的同一个时空里,"每个民族、每个国家的前途都紧紧联系

---

[1] 习近平:《携手建设更加美好的世界——在中国共产党与世界政党高层对话会上的主旨讲话》,载《人民日报》,2017年12月2日,第2版。

在一起"，国际相互依存日益加深，越来越成为你中有我、我中有你的命运共同体。"实然"告诉我们，构建人类命运共同体，反映了客观现实，反映了人类社会和国际关系发展的大势所趋。因此，不能把"人类命运共同体"理解为仅是主观愿望、长远构想或愿景。

事实胜于雄辩。这次新冠肺炎疫情在较短时间内席卷全球，以全球大流行的方式警示世人：人类就是一个休戚与共的命运共同体。任何一个国家若不能阻止疫情蔓延，都会危及其他国家，甚至是整个人类的生存与发展。经过此次疫情大考，我们更加深刻体会到人类命运共同体理念的现实针对性，更加深刻认识到构建人类命运共同体是为解决当前乃至以后的全球问题、世界难题而必然做出的历史抉择，也更加深刻感受到推动构建人类命运共同体的时代紧迫性。

（三）多国人士深刻体悟人类命运共同体的"实然"。在与外国和国际组织领导人通话和会晤时，结合新冠肺炎疫情带来的挑战，习近平主席多次强调"人类是一个命运共同体"。在第 73 届世界卫生大会视频会议开幕式上致辞时，习近平主席再次强调："人类是命运共同体，团结合作是战胜疫情最有力的武器。这是国际社会抗击艾滋病、埃博拉、禽流感、甲型 H1N1 流感等重大疫情取得的重要经验，是各国人民合作抗疫的人间正道。"[①] 这强化了人类命运共同体的"实然"，必将使之在国际社会受到越来越多的认同和接受。

实际上，在新冠肺炎疫情大流行的警醒之下，多国人士对人类命运共同体的"实然"早已深有感触并作出积极回应。吉尔吉斯斯坦总统热恩别科夫表示，"这次疫情再次凸显和践行了人类命运共同体理

[①] 习近平：《团结合作战胜疫情 共同构建人类卫生健康共同体——在第 73 届世界卫生大会视频会议开幕式上的致辞》，载《人民日报》，2020 年 5 月 19 日，第 2 版。

念的紧迫性、现实性、时代性"①。老挝人民革命党中央对外联络部部长顺通表示,"当前形势下,我们愈发认识到世界各国守望相助的必要性,认识到推动构建人类命运共同体十分重要和紧迫"②。利比亚民族团结政府总理委员会委员哈姆扎表示,疫情使各国对多边主义的重要性有了更加深刻的认识,进一步证明人类命运共同体理念顺应时代潮流。③

同时,各方对中国践行人类命运共同体理念的"实然"给予高度评价。缅甸总统温敏表示,"面对疫情,缅中两国之间的良好合作,正是双方致力于构建缅中命运共同体的写照"④。

老挝《人民报》社长兼总编辑端吉·沙瓦本米认为,疫情正在全球蔓延,中国恪守国际道义,向其他国家提供援助,体现出崇高的国际主义精神,"中国展现出的这种有担当、负责任的态度,是构建人类命运共同体的生动实践"⑤。来自巴基斯坦的阿巴斯准将说:"中国政府采取了严格的防疫措施,举国动员应对严峻挑战,中国以巨大的努力为全人类作出了贡献。这些清楚地体现了习近平主席构建人类命运共同体的理念。"⑥

---

① 《习近平同吉尔吉斯斯坦总统热恩别科夫通电话》,载《人民日报》,2020年4月15日,第1版。
② 《诠释老中守望相助、共同抗疫的生动实践(患难见真情 共同抗疫情)——访老挝人民革命党中央对外联络部部长顺通》,载《人民日报》,2020年4月22日,第3版。
③ 《携手合作才能最终战胜疫情(患难见真情 共同抗疫情)——多国政要积极评价中国为全球共同抗疫作贡献》,载《人民日报》,2020年5月8日,第3版。
④ 《习近平同缅甸总统温敏通电话》,载《人民日报》,2020年5月21日,第1版。
⑤ 《构建人类命运共同体的生动实践——访老挝〈人民报〉社长兼总编辑端吉·沙瓦本米》,载《人民日报》,2020年5月14日,第3版。
⑥ 《构建人类命运共同体的生动实践——国防大学国际防务学院外军学员积极评价中国抗击疫情》,载《解放军报》,2020年3月9日,第4版。

二、新冠肺炎疫情从"应然"维度提出构建人类命运共同体的新要求

新冠肺炎疫情彰显了构建人类命运共同体的"应然"。各方深刻认识到,应树立人类命运共同体意识,携手应对全球性风险和挑战,共建地球美好家园。

(一)应以人为本,共筑人类卫生健康共同体。新冠肺炎疫情以巨大的生命代价告诫我们,各国应超越地域种族、历史文化乃至社会制度的不同,携起手来构建人类命运共同体,共同呵护好人类赖以生存的唯一地球家园。而其中一个重要目标,就是加快建设人类卫生健康共同体。携手建设人类卫生健康共同体,堪称构建人类命运共同体在公共卫生安全领域的具体体现。

以人为本,生命至上,是人类共同的价值追求。生命权和健康权是人权最基本的内容,是人的其他权利的基础,人人享有健康是全人类的共同愿景。此次疫情是国际社会为保卫人类生命权和健康权的一场艰苦卓绝的斗争。"真诚尊重每一个生命、全力拯救每一个病患,保护好本国人民的生命安全和身体健康离不开人道主义精神,打赢疫情防控全球阻击战同样离不开人道主义精神。"[1] 公共卫生外交体现人道主义精神,是中国政府承担更多国际责任和义务的具体体现。中国政府秉承"以人为本"的宗旨,始终把人民的生命安全和健康福祉放在首位,为全球抗疫作出积极表率和重要贡献。

面对新冠肺炎疫情,各国共同维护全球公共卫生安全,既是保障人们安全地享有自由的过程,也是履行对社会的义务和兑现承诺的过程,与认为发展就是国民生产总值增长、个人收入提高等狭隘的发展

---

[1] 本报评论员:《中国支援见证"风月同天"——携手全球抗疫 彰显中国担当》,载《人民日报》,2020年5月12日,第1版。

观形成鲜明对照，是对人类健康与前途命运的维护和强调。疫情防控暴露出全球公共卫生安全体系的短板和缺陷，各国应加大对公共卫生领域的资金投入，注重流行性疾病等领域的安全防范和应对机制建设，加强对各类突发性事件的物质和心理预防能力建设，加快社会保障体系在弱势群体中的推进和覆盖。应推动各国公共卫生安全合作，创造更多的公共产品和良好的政策体制环境，构建公共卫生安全伙伴关系，从而丰富伙伴关系的内涵，共筑人类健康命运共同体。

（二）应更加重视非传统安全合作，加强全球非传统安全治理。非传统安全问题具有全球性，给世界各国带来共同挑战，政治家们必须在结果难料的情况下做出应对挑战的决策，保证经济社会平稳运行。面对传统安全与非传统安全日益交织的国际形势，越来越多的国家开始把非传统安全置于国家安全战略的重要位置，并把加强非传统安全合作、共同应对非传统安全挑战视为改革和完善全球治理体制机制的重要举措和表现形式。

非传统安全问题往往会成为人类的下一个危机，它作为一种被普遍承认的安全话语，正在改变人类对全球安全形势的认知，也使各国认识到其对人类生存和发展带来的严峻挑战，推动人们反思和拷问人的安全、国家安全、社会安全、全球安全的内涵与外延，以及它们之间的内在联系，从而对未来全球安全形势的走向和发展趋势进行预判和展望。

非传统安全问题既是人类社会可持续发展的挑战，也是新时代人类寻求共赢的机遇。只有加强全球合作，才能形成行之有效的治理方案，从而走出困境、解决难题。推动构建人类命运共同体，必须加强非传统安全的全球合作与全球治理。

（三）应更加尊重科学和专业组织，倾听科学家的专业声音。战胜疫情离不开科技，也离不开专业组织。"人类同疾病较量最有力的武器就是科学技术，人类战胜大灾大疫离不开科学发展和技术创新。"① 疫情发生后，中国政府本着公开、透明、负责任的态度，及时同世卫组织和国际社会分享信息，交流疫情防控进展，积极回应各方关切，在多种场合呼吁国际社会团结起来，以科学、理性和负责任的态度开展疫情防控工作。世卫组织长期以来汇聚卫生领域的专家资源与科研力量开展联合生产，其在应对跨国传染性疾病问题上的专业性权威地位是由各成员国以及国际组织本身在实践过程中共同塑造的。习近平主席强调："当前，国际抗疫正处于关键阶段，支持世卫组织就是支持国际抗疫合作、支持挽救生命。"② 国务委员兼外长王毅指出："支持世卫组织就是支持多边主义。"③

战胜新冠肺炎疫情，应注重科学方法。其中包括：科学调配医疗力量和重要物资，在防护、隔离、检测、救治、追踪等重要领域采取有力举措，尽快遏制疫情在全球蔓延态势，尽力阻止疫情跨境传播；加强信息分享，交流有益经验和做法，开展检测方法、临床救治、疫苗药物研发国际合作；支持各国科学家们开展病毒源头和传播途径的全球科学研究。联合国秘书长古特雷斯指出，"一款安全有效的疫苗可能是让世界恢复正常状态的唯一手段，应加速研发疫苗并让所有人都有权接种疫苗"④。中国科学家在短时间内迅速完成病毒基因测序工

---

① 《习近平在北京考察新冠肺炎防控科研攻关工作时强调：协同推进新冠肺炎防控科研攻关 为打赢疫情防控阻击战提供科技支撑》，载《人民日报》，2020年3月3日，第1版。
② 习近平：《团结合作战胜疫情 共同构建人类卫生健康共同体——在第73届世界卫生大会视频会议开幕式上的致辞》，载《人民日报》，2020年5月19日，第2版。
③ 王毅：《支持世界卫生组织就是支持多边主义》，https：//www.fmprc.gov.cn/web/wjbzhd/t1771235.shtml。
④ 《外媒：国际合作对新冠疫苗研发至关重要》，http：//www.cankaoxiaoxi.com/world/20200417/2407771.shtml。

作，研制成功快速检测试剂盒，并与国际社会分享，为疫情诊治和疫苗研发提供国际智力支撑，尽最大努力遏制疫情在世界扩散蔓延。中国还与美国、法国、德国、加拿大、爱尔兰等国科研机构在病毒溯源、药物、疫苗、检测等方面开展科研攻关合作，并加强在公共卫生风险预警、数据平台建设等领域的国际合作。另外，中国还及时借鉴吸收各国科研成果，总结推广有效药物和治疗技术，特别是推动中医药"走出去"，使其在新冠肺炎防控国际合作中发挥积极作用。

（四）要抗击政治病毒和"舆论疫情"。新冠肺炎疫情是数字时代下的第一场大规模传染病。与过去不同，在其正在发生或已经发生以前，人们就能通过多种渠道接触海量信息，这使得抗击疫情亦成为各国公共外交的"博弈场"。自疫情暴发以来，由于人们对新事物的认知存在局限，导致病毒谣言异常猖獗，世卫组织将其称为"信息疫情"。个别势力不断将疫情"政治化"，宣扬"病毒国家论""中国负责论""中国赔偿论"等，趁火打劫、蓄意抹黑、挑拨离间、诋毁他国，这些违逆历史规律的行径必定不得人心。"对处于灾难中的国家和人民，无论国别种族，无论贫富强弱，都应该感同身受，满怀同情和支援，而不是幸灾乐祸、自私冷漠，更不能落井下石、污名抹黑。这是人类道德操守的基本底线和世界文明进步的共同标准。"[①]

疫情是对全球媒体的一场大考，检验媒体的信息甄别能力和道德评判标准。真实是媒体报道的生命，冷嘲热讽与冷漠麻木都无助于危机的解决。各国媒体应客观、准确报道中国和其他国家抗疫成果和对全球抗疫的贡献，为维护全球人民的健康与福祉提供正能量。

---

① 吴志成：《携手构建人类命运共同体——中国战"疫"的深刻启示》，载《光明日报》，2020年3月10日，第14版。

三、中国以抗疫为契机深化对推动构建人类命运共同体理论与实践的认识

合作抗疫为中国推动构建人类命运共同体提供了契机。中国顺势而为，内外兼修，虚实并重，深化了对推动构建人类命运共同体的理论与实践认识，取得重要收获。

（一）坚定了推动构建人类命运共同体的"理论自信"。人类命运共同体理念是对马克思主义的继承和发展。它将辩证唯物主义与历史唯物主义有机统一起来，从哲学和历史大视角深刻认识人类社会发展诉求和规律，为正确把握人类前途和命运指明了方向，具有先进性、科学性、时代性和实践性。

推动构建人类命运共同体，着眼于马克思主义的运用，着眼于对实际问题的理论思考和外交工作的发展趋势。它直面全球重大议题，体现人类共同关切，是对"建设一个什么样的世界、如何建设这个世界"这样一个关乎人类前途命运重大课题的回应。它打破了当今世界"国强必霸"的形而上学逻辑，为强化全球公共卫生合作提供了基本伦理。人类命运共同体中的发展是福及全体、惠泽各方的发展。人类命运共同体理念在为全球治理体系改革提供"中国智慧"和"中国方案"的同时，也尊重各国政治制度和发展道路的差异，倡导平等互利和开放包容，开辟了马克思主义中国化的新境界，是激励世界人民奋勇前进的强大精神力量。

通过疫情警示和合作抗疫实践，中国坚定了推动构建人类命运共同体的理论自信，这是一个重大收获。

（二）深化了对习近平外交思想的认识。习近平外交思想贯穿了马克思主义基本原理，是指导我们正确看待世界、正确处理中国与外部世界关系、正确推进中国特色大国外交的科学理论。它在延续中

的悠久历史传统和长期政策取向的同时，结合时代特征和中国特色大国外交实践进行理论创新，是继承性和创新性的辩证统一，是时代性和民族性的有机结合，塑造了中国外交的独特风范。

习近平外交思想主张推动构建人类命运共同体，为人类发展和世界前途提供了中国方案，展现出深刻的时代洞察力和强劲的历史穿透力，体现出其真理性价值。党的十八大以来，在习近平外交思想指引下，中国与时俱进，围绕着服务民族复兴、促进人类进步的外交主线，全面推进中国特色大国外交，为推动构建人类命运共同体不断作出重要贡献。推动构建人类命运共同体，作为习近平外交思想的核心和精髓，在各国共同抗击疫情的过程中得到深刻体认和践行。

通过此次新冠肺炎疫情全球大流行及其全球性应对，我们对习近平外交思想的理论性与实践性、真理性与价值性、科学性与时代性等有了进一步的认识。

（三）丰富了人类命运共同体理念的内涵。人类命运共同体理念的内涵并非一成不变，而是与时俱进、不断丰富和发展的。这次新冠肺炎疫情使非传统安全实现了对传统安全的"完美逆袭"，促使我们进一步丰富人类命运共同体理念。

安全的首要指涉对象是人民。人民群众是创造物质财富和精神财富的主体，是推动历史发展的根本动力。人民群众拥有推动未来社会进步的强大力量，也承担着发展成果普惠的价值取向。构建人类命运共同体的根本目的是"把世界各国人民对美好生活的向往变成现实"[1]，其力量来源于人民，其伟大探索与实践最终也要依靠人民。疫情面前，人们在空间上保持距离，但心与心之间贴得更近。人的安全

---

[1] 习近平：《论坚持推动构建人类命运共同体》，北京：中央文献出版社，2018年版，第510页。

强调免于恐惧、免于匮乏，它与人的发展和自由紧密相关。新冠肺炎疫情是对人的安全、乃至全球公共卫生安全的重大挑战，是对全球团结的重大考验，但同时也让世界各国有机会重新审视全球健康状况和公共卫生治理体系的缺陷。

面对日趋复杂的全球疫情形势，习近平主席提出构建"人类卫生健康共同体"，为人类社会共同应对全球性公共卫生威胁提供了"中国方案"，丰富了人类命运共同体理念的内涵，实现了人类命运共同体理论的具体化。各国应继续增进团结，深化多领域合作，为维护世界公共卫生安全贡献力量。

（四）找到了人类命运共同体落地的新抓手。抗击新冠肺炎疫情关乎人类共同利益，关乎世界前途命运。各国应携手建设"健康丝绸之路"，合力打造"人类卫生健康共同体"，共筑人类卫生健康共同体，将人类命运共同体理念落到实处。

一是应继续加强疫情信息共享、防控经验交流、诊疗方案制定、药物疫苗研发等领域的合作，保证医疗物资的贸易流通顺畅，有效提升防控流行性疾病的能力；二是要帮助发展中国家完善公共卫生体系，帮助发展中国家解决因疫情可能导致的债务危机和饥荒问题；三是优先考虑供应链多样化和国家战略储备来保护全球贸易，而不是经济民族主义和低效率的生产方式；四是加强全球联防联控平台建设，探讨建立区域公共卫生应急联络机制的可能性，从而全面深化公共卫生合作，构建公共卫生安全伙伴关系，丰富伙伴关系的内涵。

中国将以构建公共卫生安全伙伴关系和共筑"人类卫生健康共同体"为新抓手，推进全球公共卫生安全治理体系的改革与完善，为构建人类命运共同体开辟新路径、进行新探索、积累新经验。

四、中国为推动构建人类命运共同体作出新贡献

中国倡导并推动全球抗疫合作，通过双边和多边外交行动，积极践行人类命运共同体理念，体现大国担当，作出重要贡献。

（一）基于人类命运共同体理念，中国积极开展对外援助。中国秉持共商共建共享的全球治理观，推动构建人类命运共同体，其力量根植于对时代问题的穿透力，其实质是全球多边主义，是一方有难八方支援。"援助外交"加深了各国对人类命运共同体理念的理解和认同，体现了唇齿相依、守望相助的珍贵情谊。疫情发生初期，世卫组织和数十个国家以不同形式向中国提供了援助，并给予鼓励和支持。在国内疫情逐渐得到控制之后，中国发起了新中国历史上规模最大的一次全球紧急人道行动。迄今为止，中方已"向将近150个国家和4个国际组织提供了紧急援助，以解各方的燃眉之急；为170多个国家举办了卫生专家专题视频会议，毫无保留地分享成熟的诊疗经验和防控方案；向24个有紧急需求的国家派遣了26支医疗专家组，面对面地开展交流和指导"[1]。中国与世界各国人民同舟共济，共克时艰，用中国经验提振全球抗疫士气。中国人民解放军与各国防务部门和军队加强合作，截至目前，"已向印度尼西亚、菲律宾、马来西亚、文莱、泰国、巴基斯坦、尼泊尔、阿富汗、斯里兰卡、乌兹别克斯坦、吉尔吉斯斯坦、塔吉克斯坦等12国军队提供防护服、医用口罩、额温枪等防疫物资"[2]，为维护国际公共卫生安全，构建人类卫生健康共同体作出重要贡献。

（二）讲好中国故事，展现大国担当。疫情防控是一场全民行动，

---

[1]《国务委员兼外交部长王毅就中国外交政策和对外关系回答中外记者提问》，https://www.fmprc.gov.cn/web/wjbzhd/t1782257.shtml。

[2]《中国人民解放军向12国军队提供防疫物资援助》，http://www.mod.gov.cn/topnews/2020-05/13/content_4864975.htm。

需要强大的精神力量支撑。在以习近平同志为核心的党中央的坚强领导下，14亿中国人民团结一心，坚决打赢疫情阻击战。习近平主席强调："战胜这次疫情，给我力量和信心的是中国人民""人民才是真正的英雄"①。在疫情防控工作中，中国涌现出了一批防疫一线的感人事迹，向世界展示出中国公共卫生与疾控事业取得的成就和中国人民团结一心、同舟共济的精神风貌，引发国际社会的广泛共鸣。中国借助联合国、世界卫生组织等国际组织平台、参与"二十国集团领导人应对新冠肺炎特别峰会"等多边外交活动，并在国外主流媒体陈述抗疫努力、约请国外知名学者等名人讲述抗疫观感、借助海外中国机构传递中国声音等方式，及时、全面地在国际舆论场发声，激励各国携手同行，共同抗击疫情。

（三）推动构建人类命运共同体走深走实。在中方推动下，构建人类命运共同体理念更加深入人心，有利于其在国际携手抗疫合作中落地到位落实，在双边、区域和全球层面推进了人类命运共同体建设。当前，风雨同舟、命运与共日益成为人类共识，同舟共济、守望相助抗击疫情应成为世界各国的共同选择。斯里兰卡总统戈塔巴雅对人类命运共同体理念表示赞赏。② 芬兰总统尼尼斯托表示，"完全赞同习近平主席提出的人类命运共同体理念"③。国际知名学者、奥地利中国数据研究中心主席亚历山大·韦尔策认为，"人类必须也应该从这场新冠肺炎疫情中吸取教训，如果我们能以人类命运共同体的姿态共同应对挑战，就一定能最终战胜疫情"④。疫情考验全球团结程度，世

---

① 《习近平同波兰总统杜达通电话》，https：//www.fmprc.gov.cn/web/zyxw/t1760498.shtml。
② 《习近平同斯里兰卡总统戈塔巴雅通电话》，载《人民日报》，2020年5月14日，第1版。
③ 《习近平同芬兰总统尼尼斯托通电话》，http：//www.xinhuanet.com/politics/leaders/2020-04/14/c_1125855845.htm。
④ 《以人类命运共同体的姿态，就一定能最终战胜疫情——访奥地利中国数据研究中心主席》，http：//news.cnr.cn/native/gd/20200408/t20200408_525045915.shtml。

界各国愈发认识到，应秉承人类命运共同体理念，弘扬多边主义，坚定信心、齐心协力、团结应对，全面加强和深化公共卫生合作，携手保护我们赖以生存的星球。

五、几点启示

正如国务委员兼外长王毅所指出的那样，这场疫情给我们带来的最大启示是：各国人民的生命健康从来没有像今天这样休戚与共、紧密相连；我们也从来没有像今天这样深刻意识到，各国生活在一个地球村，人类实际上是一个命运共同体。病毒不分国界和种族，向全人类发起挑战。政治操弄只会给病毒以可乘之机，以邻为壑只能被病毒各个击破，无视科学只会让病毒乘虚而入。① 除此之外，这场疫情还对我们更好地推动构建人类命运共同体带来诸多有益启示。

（一）推动构建人类命运共同体要乘势发力。新冠病毒以一种"急迫而悲怆"的方式将人类命运共同体照亮，是对人类命运共同体的一次"集体唤醒"。各方重新审视和思考中方提出的人类命运共同体理念，国内国际对其认同达到前所未有的新高度，有利于中方乘势加大外交力度，推动这一先进理念入脑入心，扩大其国际感召力和影响力，并结合时代进步趋势和国际形势发展要求及时实现其具体化。

（二）推动构建人类命运共同体要进一步统一国内思想和行动。在新冠肺炎疫情暴发前，推动构建人类命运共同体思想已成为习近平新时代中国特色社会主义思想和习近平外交思想的重要组成部分，并被纳入新修订的《中国共产党党章》和《中华人民共和国宪法》，成为党和国家坚定奉行的大政方针，不容置疑且要认真贯彻落实。此次

---

① 《王毅谈疫情带来的最大启示：各国应携手构建人类命运共同体》，https：//www.fmprc.gov.cn/web/wjbzhd/t1782128.shtml。

新冠肺炎疫情启示我们，应该更深刻地领会和把握推动构建人类命运共同体的先进性、科学性、时代性和现实性，在坚定理论自信的同时，应该进一步统一思想和行动，聚合成磅礴之力，增强战略定力，既登高望远，又脚踏实地，乘势而为，坚持不懈，久久为功，不断推动人类命运共同体理念落地落实、走深走实，不断作出中国贡献。

（三）对外传播人类命运共同体理念要从正反两个方面加以阐释。这次新冠肺炎疫情在客观上扮演了人类命运共同体理念"宣传员"的角色，加上中方顺势而为，乘机加强宣介和践行这一先进理念，大幅提升了其国际能见度和认同度，各方对其理解的深度和接受的广度都达到了前所未有的程度。这启示我们，我们既要从正面讲人类命运共同体理念对弘扬多边主义、加强全球团结合作、推进全球治理、共同呵护地球家园的积极意义，也要从反面讲这一理念的必要性、现实性和紧迫性，即结合全球性威胁、风险及挑战带来的人类共同灾难，强调"俱损""共危"的一面，向世界各国和各国人民发出警告和警示。从这个意义上讲，中国要加强与关心地球家园前途与命运的国际组织和科学家及其联盟的合作，不断发出不容置疑的权威信息和科学声音，拉响人类命运堪忧的警报。

（四）要抓住一切机遇推动构建人类命运共同体落地。有鉴于这次新冠肺炎疫情极大地危害了各国人民的生命安全和身体健康，导致了严重的公共卫生危机，中方不失时机地提出"共建人类卫生健康共同体"的中国倡议与方案，实际上是在公共卫生安全领域落实人类命运共同体理念，或者是以共建人类卫生健康共同体来落实构建人类命运共同体。我们还乘机加强与"一带一路"有关各国之间的卫生健康合作，着力打造"健康丝绸之路"。此外，我们还提出加强公共卫生安全、生物安全、更加重视人的安全等思想和举措，来丰富国际新安全观的内涵；以打造公共卫生伙伴关系、共建"人类卫生健康共同体"等理念和方案，来丰富新型国际关系的内涵。这些举措都有利于我们推动构建人类命运共同体倡议落地生根，并取得积极进展和重要成果。

（五）推动构建人类命运共同体要防范和抗击政治病毒。这次全球抗疫，人类不仅面临十分狡猾的新冠病毒的肆虐，而且要面对极为邪恶的政治病毒的猖獗。我们不仅要坚决抗击新冠肺炎疫情，还要断然反击"舆论疫情"。这进一步诠释了我们必须且正在进行"具有许多新的历史特点的伟大斗争"①。推动构建人类命运共同体，不仅要信奉和合哲学而大力加强团结合作，也要遵循斗争哲学而坚决反对各种反动势力和丑恶现象。在新形势下，尤其要反对霸权主义、单边主义、保守民族主义、极端民粹主义、种族主义、排外主义以及零和博弈、冷战思维等制造的种种政治病毒。要防范和抗击危害极大的政治病毒，就要站在国际公平正义的一边，赢得世界各国人民的支持。

（六）推动构建人类命运共同体要充分发挥科学家的作用。形形色色的"政治病毒"对构建人类命运共同体危害极大，其在本质上是反科学的。科学理性的声音、科学家的合作对推动构建人类命运共同体至关重要。科学家，尤其是关注人类生命健康、生态文明、生物多样性和地球村前途与命运的科学家，对构建人类命运共同体具有特殊而重要的意义。我们不仅能够以其增加构建人类命运共同体的科学含量，而且可以通过建立和扩大科学家"朋友圈"，发展科学伙伴关系，创立科学家联盟等，来推动构建人类命运共同体。这是此次全球合作抗击新冠肺炎疫情带给我们的重要启示之一。

---

① 《习近平在中国共产党第十九次全国代表大会上的报告》，http：//cpc.people.com.cn/n1/2017/1028/c64094-29613660.html。

图书在版编目（CIP）数据

百年大变局遇上百年大流疫／栾建章主编. -- 北京：当代世界出版社，2020.9
ISBN 978-7-5090-1416-5

Ⅰ.①百… Ⅱ.①栾… Ⅲ.①国际关系-研究 Ⅳ.①D81

中国版本图书馆 CIP 数据核字（2020）第 140486 号

书　　名：	百年大变局遇上百年大流疫
出版发行：	当代世界出版社
地　　址：	北京市地安门东大街 70-9 号
邮　　编：	100009
邮　　箱：	ddsjchubanshe@163.com
编务电话：	（010）83907332
发行电话：	（010）83908410（传真）
	13601274970
	18611107149
	13521909533
经　　销：	新华书店
印　　刷：	北京中科印刷有限公司
开　　本：	710 毫米×1000 毫米　1/16
印　　张：	14.5
字　　数：	181 千字
版　　次：	2020 年 9 月第 1 版
印　　次：	2020 年 9 月第 1 次
书　　号：	ISBN 978-7-5090-1416-5
定　　价：	58.00 元

如发现印装质量问题，请与承印厂联系调换。
版权所有，翻印必究；未经许可，不得转载！